“十三五”国家重点出版物出版规划项目

中国社会科学院世界文明比较研究中心组织编写

青少年世界文明教育文库

汝 信 主编

古代两河流域文明

穿行在水陆之间

Ancient Mesopotamian Civilization

Travel between Land and Water

刘 健◎著

云南大学出版社
YUNNAN UNIVERSITY PRESS

图书在版编目（CIP）数据

古代两河流域文明：穿行在水陆之间 / 刘健 著—昆明：云南大学出版社，2020
（青少年世界文明教育文库 / 汝信 主编）
ISBN 978-7-5482-3936-9

Ⅰ．①古… Ⅱ．①刘… Ⅲ．①两河流域文化—青少年读物 Ⅳ．①K124-49

中国版本图书馆CIP数据核字（2020）第000863号

古代两河流域文明

穿行在水陆之间

Ancient Mesopotamian Civilization

Travel between Land and Water

刘 健◎著

策 划：王翌沣
责任编辑：王翌沣
装帧设计：见 功

出版发行：云南大学出版社
印 装：昆明理煌印务有限公司
开 本：787mm×1092mm 1/16
印 张：9.625
字 数：150千
版 次：2020年12月第1版
印 次：2020年12月第1次印刷
书 号：ISBN 978-7-5482-3936-9
定 价：69.80元

地 址：云南省昆明市一二一大街182号（云南大学东陆校区英华园内）
邮 编：650091
电 话：（0871）65033244 65031071
网 址：http://www.ynup.com
E-mail：market@ynup.com

主编　汝信

主编简介

汝信，男，教授，汉族，1931年出生，江苏吴江人，1949年毕业于上海圣约翰大学。1956年师从著名学者贺麟先生，攻读黑格尔哲学专业研究生，毕业后留中国社会科学院哲学所从事研究工作。1978年晋升研究员，任哲学所副所长。1981—1982年到美国哈佛大学做访问学者。1982—1998年先后任中国社会科学院副院长，并曾兼任哲学所所长，国务院学位委员会副主任。现任中国社会科学院学部委员、咨询委员会顾问。在国内外学术机构中曾担任的主要职务有：中华全国美学学会会长、中国政治学会会长以及国际哲学与人文科学理事会副主席、东德科学院外籍院士、韩国启明大学名誉哲学博士等。主要从事西方哲学史特别是德国古典哲学、美学的研究。主要著作有《黑格尔范畴论批判》（与姜丕之合著，1961年上海人民出版社）、《西方美学史论丛》及《西方美学史论丛续编》（1963年上海人民出版社）、《西方的哲学和美学》（1978年山西人民出版社）、《美的找寻》（1992年中国社会科学出版社）、《看哪，克尔凯郭尔这个人》（2008年河南大学出版社）、《西方美学史》（2008年中国社会科学出版社）。此外，还有译著多种，并主编《西方著名哲学家评传》（10卷）、《世界文明大系》（12卷）和《当代韩国》（季刊）等。

目 录

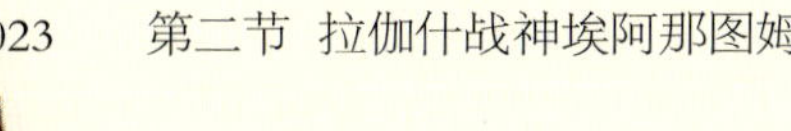

总　序

“青少年世界文明教育文库”开始和读者见面了。由中国社会科学院组织编写，云南大学出版社出版这一套读物的主要目的是向中国当代的年轻朋友们介绍自古至今世界上一些主要文明的历史发展概况，普及不同文明的基本知识。

习近平同志在党的十九大报告中指出：“中国特色社会主义进入了新时代。”在新时代，我国人民正热火朝天地努力建设中国特色社会主义，为实现中华民族伟大复兴的“中国梦”而奋斗着。在全面深化改革和向全世界开放的形势下，增进中国当代的年轻人对世界上各种文明的认识和了解具有十分重要的意义。随着经济全球化趋势的加速进行和科学技术的迅猛发展，世界正变得越来越小，成为名副其实的“地球村”。各个国家都在政治、经济、文化、教育等领域进行着广泛的交流合作，现代信息技术的广泛应用更是把世界的各个角落联结成关系密切、相互依赖的整体，形成了一个庞大的网络。当代社会的快速发展，也产生了一系列全球性的问题，如贫富差距、环境污染等。这些问题都关系各国人民的切身利益，需要人们加强合作，共同协力应对。在这样的国际形势下，开展不同文明之间的对话与交流，增强各国人民和各民族的相互理解和友谊，显得尤为必要。我们希望，这套“青少年世界文明教育文库”能对此有裨益。

近年来，我们对世界文明进行了深入研究，得出几点基本看法，愿与读者朋友们分享。

第一，纵观人类历史，世界上出现的各种文明都是特定的人群在不同的环境和具体历史条件下的活动的创造物，都有其自身的产生和演变的过程，都有其自身的特点和优缺点，在不同的历史时期起着不同的作用。因此，必须充分肯定文明的多样性。一切文明成就都是对全人类文明做出的宝贵贡献，都应得到同样

的尊重和承认。各国人民有权自主选择符合自己国情的发展道路，保持自己的传统和价值观，去创造和发展自己的文明。有人抱着“西方中心论”的观点，总以为西方文明天生优越、高人一等，以西方文明的价值和标准去评判其他文明，甚至妄图以此一统天下，这种文化霸权主义是一种完全错误的历史观。

第二，世界文明发展的历史告诉我们，不同文明之间需要经常交流互鉴，乃至相互交融和吸收，一种文明要不断从另一种文明获得和补充营养，取得新的活力，才能茁壮成长。一种文明不管曾经多么辉煌，一旦把自己封闭起来与世隔绝，就会逐渐丧失创新和前进的动力而走向衰落。因此，对文明本身的发展来说，相互间的对话和交流是必不可少的。可是西方却有人宣扬所谓“文明冲突论”，把不同的文明说成彼此无法沟通、相互敌对的力量，断言文明之间的差异必然导致激烈的对抗和冲突，并把其他文明看作对西方文明的威胁。这种错误的理论不仅违反历史事实，而且危害当代世界和平与发展。

第三，面向世界上丰富多样的不同的文明，应如何正确对待呢？我们认为，中国传统哲学所崇尚的“和而不同”的思想，诠释后可以作为处理不同文明相互关系的基本原则。所谓“和而不同”，首先是要充分承认和尊重世界上不同事物的存在，肯定和允许不同文明之间的差异、区别和分歧，求同存异，使它们之间的矛盾和分歧得到调和，避免对抗和冲突，在和平共处的基础上努力促进不同文明间的对话和交流，加深相互理解，互相宽容，平等相待，尊重对方，彼此借鉴，共谋发展，使世界文明更加绚丽多彩。

我们学习和了解世界文明，归根到底是为建设中国特色社会主义文明服务。我们不仅要了解和弘扬中华文明的光辉成就，而且也需要了解关于世界上其他文明的知识，这样才能进行比较研究，通过对话和交流，充分借鉴和吸收世界文明的一切积极成果，使中华文明更加发扬光大。

汝　信
2018 年 6 月 8 日

前　言

哪个文明是世界历史上公认的起源最早的文明？关于这个问题，各个文明区域的研究者都会给出不同的答案。但是，他们均不能否认，在最早起源的文明名单中，古代两河流域文明必然位列前茅。古代两河流域文明，又称古代美索不达米亚文明。中国近现代历史著作也称古巴比伦文明，将其与古代中国文明、古代埃及文明和古代印度文明并称为四大古文明。在西方，19世纪中叶以来，以研究古代两河流域文明为核心的学科被命名为亚述学；20世纪中叶以来，以古代两河流域早期历史为主要研究对象的苏美尔学有渐从亚述学中分离出来的趋势。

在不同的历史时期，古代先民对于古代两河流域地区的称呼也有所不同，冲积平原南部最早被称为苏美尔，其北部后来被称为阿卡德。巴比伦文明兴起后，苏美尔和阿卡德大致所在区域被称为巴比伦尼亚；后因亚述人的兴起，两河流域平原的北部被称作亚述地区。美索不达米亚是对两河流域的总称，这个名词来自希腊语，意思是“两条河流之间”。

古代两河流域文明是迄今可以确定的最早起源的古代文明之一。早在公元前7000年，农业文明已经在两河流域中上游地区兴起；约公元前4500年，人工灌溉农业在两河流域冲积平原产生；约公元前3200年，文字出现；约公元前2900年，最早的城市国家开始形成。在之后的近3000年时间里，文明称霸古代西亚地区，这个文明所创造的众多文明要素流传至今。流淌在中东大地上的幼发拉底河和底格里斯河见证了上古西亚文明几千年的起起落落。

幼发拉底河和底格里斯河，这就是两河流域名字的由来。两条河流分别发源于土耳其高原和亚美尼亚高原，一路蜿蜒向南流入阿拉伯海波斯湾。幼发

拉底河起源于土耳其高原，流经今叙利亚、伊拉克境内，注入波斯湾，主要支流有哈布尔河。底格里斯河起源于亚美尼亚高原，流经今土耳其、伊拉克，进入波斯湾，主要支流有迪亚拉河以及大、小扎布河。今天的幼发拉底河与底格里斯河在伊拉克南部汇合形成阿拉伯河，流入波斯湾。两河流域下游和中游地区是古代西亚少有的土壤肥沃、适合农业生产的地带，因其轮廓似一弯新月，因此又称“沃月地带”或“肥沃的新月地区”。

幼发拉底河河水平缓，河水主要用于农田灌溉，大型船只无法航行，但小型船只可以通行，特别是古代两河流域人用芦苇和沥青制造的平底船能够穿梭往来其间，从事摆渡和少量货物运输工作。这种小船直到现代仍然在幼发拉底河上穿行。相比之下，底格里斯河水流湍急，中上游地区落差极大，不利于通行。

幼发拉底河和底格里斯河流经地区地形各异，上游主要是山脉和高原，中游以丘陵和草原为主，下游为冲积平原，在流入波斯湾前形成大片沼泽。在两河流域的东方和东北方是高耸的扎格罗斯山脉和伊朗高原，亚美尼亚高原雄踞北方，西北方为安纳托利亚高原，西方是浩瀚的叙利亚沙漠和阿拉伯沙漠，再往西为狭长的叙利亚、巴勒斯坦地区以及浩渺的地中海。这样的地形地势对两河流域各地生产和生活方式的影响迥异：在中上游，农业生产以畜牧业和天然农业为主；在下游地区，农业生产主要依靠人工灌溉，园林业和渔业是重要的辅助生产部门。

在这样一个辽阔的区域，气候和自然环境千差万别。两河流域冲积平原地区为大陆性亚热带半干旱型气候，北部和东北部山区为地中海型气候。每年只有冬夏两个季节，雨季从每年12月至次年2月（在山区从11月至次年4月），冬季最高气温16℃，最低气温2℃，有时有霜冻。夏季炎热干燥，白天最高气温可达49℃，夜晚最低气温也能够达到26℃。年平均降水量为154毫米，但60%的地区降水量低于100毫米。在东北部山区，年降水量可达1200毫米，能够满足天然农业和畜牧业的生产需要。古代波斯湾的海平面高于现代，气候也较现代更加湿润，据推测，年降水量在200—400毫米之间。

西北—东南走向的扎格罗斯山脉横亘在两河流域平原的东方，通过山脉中众多东西走向的山口，古代两河流域人与东方人自古以来就保持着十分密切的商业、政治和文化交流关系。其中又以两河流域与伊朗高原西南部的关系最为密切。

两河流域冲积平原最南端入海口处沼泽密布，是古代两河流域的渔业中心。各种鱼类和水产品既是当地居民的主要食物来源，也是他们与两河流域冲积平原北方以及两河流域中游居民贸易的主要商品。冲积平原居民同时与海湾地区保持着紧密联系。波斯湾地区的居民是古代两河流域居民最为重要的贸易伙伴，文献称波斯湾地区为“下海”。通过陆路与海上交通，今伊朗南部、巴林、阿曼、印度河流域均与两河流域居民建立了古老的贸易交流关系，古代两河流域文明、古代伊朗文明与古代印度河文明之间也建立了文化联系。

对于史前人类来说，叙利亚沙漠和阿拉伯沙漠是不可逾越的天堑，但是从公元前16世纪开始，沙漠中开始有游牧民族部落活动，开始出现商人的身影，甚至出现了区域性政权。在阿拉伯沙漠，贝都因人活动的历史十分悠久，他们在长期与冲积平原居民交往的过程中也形成了与两河流域文化类似的宗教信仰传统、生活习俗，甚至在某种程度上吸收了两河流域文明的政治和经济体制要素。叙利亚沙漠居民与古代两河流域文明的关系更加密切，人口的迁徙也更加频繁，曾经对古代两河流域文明发展进程产生过重大影响的阿摩利人、胡里人、阿拉米人等都曾经在这里建立政权，与各地居民融通往来。

叙利亚巴勒斯坦地区紧邻地中海，是古代西亚内陆与地中海贸易的枢纽，也是安纳托利亚、两河流域和尼罗河流域列强争夺的战略要地。古代两河流域文献中称地中海为“上海”，往往与“下海”，即海湾地区相对，传达统治者统治着十分辽阔的区域的政治含义。

在这个地形和气候条件存在巨大差异的广阔区域内，古代两河流域文明经历了从起源到发展，再走向灭亡的整个过程。其时间跨度起自农业起源，人类开始进入定居生活，各种文明要素逐渐形成的时期，即传统观点所坚持的新石器时代的农业革命时期（约公元前7000年），止于波斯阿契美尼德王朝灭亡

（公元前332年），古代两河流域地区进入希腊化时代。波斯帝国被亚历山大大帝消灭，标志着古代两河流域文明，乃至古代西亚文明进入一个新的发展时期，即以希腊文明为主导，融合西亚传统文明的希腊化时期。在此之前，东地中海沿岸及各个岛屿文明发展受西亚、北非文明影响较深，在许多方面表现出东地中海文化一体化的发展特征。在此之后，希腊化文明成为主导文明，语言文字、宗教、艺术等均表现出明显的希腊文化特征，传统的西亚文明逐渐与希腊文明融合，并继续传承。

在跨越了6000余年的漫长发展过程中，多个古代民族先后登场，他们创建了各种政权类型，创造和发展了多种文明要素，他们的足迹遍及从地中海东部至今天中亚的众多区域。这些古代民族有：古代两河流域史前居民、欧贝德人、苏美尔人、阿卡德人、阿摩利人、胡里人、加喜特人、迦勒底人、阿拉米人、腓尼基人、赫梯人、犹太人、贝都因人、埃兰人、米底人、波斯人、埃及人、希腊人等。这些民族称号命名标准不一，活动区域不同，在历史上发挥的作用也千差万别，但他们都是古代两河流域文明的建设者、参与者和传播者。

本书采用上篇、中篇、下篇和外篇的分篇形式。上、中、下篇依据古代两河流域文明大致的时间发展顺序，分别描述苏美尔文明、巴比伦文明和亚述文明的发展历程；外篇则择要描绘与古代两河流域文明保持密切关系的几个周边的文明。目的是让读者能够认识一个完整的、丰满的、真实的古代两河域文明。

描述一个文明发展的历史，时间、年代、发展阶段是必须要明确的问题。由于古代两河流域文明发展的过程十分复杂，再加上这是一个已经被历史长期遗忘的文明，是一个依据各种考古资料和文献资料复原的文明，因此，关于这个文明的一切时间节点都有许许多多的不确定性。这些不确定性一方面会造成诸多不便，一方面也会更加引人入胜，它们吸引着无数好奇者的目光，会让人深入其中，不能自拔。因此，在面对文中出现的“大约”“可能”“大致”“前后”等字样时，请不要烦恼，保持好奇心，那里有许许多多的问号等待着你们去解决，去消除。

由于古代两河流域文明的历史发展脉络十分复杂，特别是巴比伦文明和亚述文明纠葛近两千年，我们无法提供一条明晰的阶段更迭的线索；另外，学界对各个阶段和各个区域的研究深度参差不齐，我们也不可能将所有笔墨平均分配给各个阶段。因此，本书将首先概述各个历史发展阶段的文明总体特征以及主要历史时期。其次，以各个阶段和各个区域的主要代表性人物为线索，力图比较明晰地复原古代两河流域文明发展的历史。当然，这些人物中的绝大多数是在文献中被记载下来的杰出人物，也就是国王；另外还有一些因为各种特殊因素，甚至是偶然因素被保存下来的人物，他们中有文学家，有神话人物，有王室成员。本书还将通过四个虚构的人物对古代两河流域文明中的贵族教育、平民生活、妇女地位和奴隶制度作一个全景式的描述。希望通过纵向的文明发展脉络，横向的重要人物的传记式的描述以及点缀其间的各种文明要点，让读者能够对古代两河流域文明的发展历程和特征有一个初步的、比较全面的认识，并产生浓厚的兴趣去探索其中的一些未解奥秘和谜团。

我们的讲述首先从苏美尔文明开始。

上篇　古代苏美尔文明

苏美尔文明是指公元前4500—前2000年左右在两河流域冲积平原南部兴起的古代文明，是古代两河流域文明进入有史时代的第一个文明发展阶段。苏美尔是什么意思，苏美尔人是什么人，苏美尔文明有什么特征，苏美尔文明的历史发展状况如何，苏美尔人中有哪些代表性人物，这些将是本篇要回答的问题。

第一章　苏美尔人与苏美尔文明

第一节　苏美尔人

苏美尔（Sumer）这个名词源自地名，是指两河流域冲积平原的南部区域。这个地名在苏美尔文中被写作“kengi（r）”，意思是“开化之地”，苏美尔是阿卡德语的写法，生活在这个地区的古代居民被称为苏美尔人。

苏美尔人是谁，他们是本地人还是外地人？关于这个问题争论很多，已经持续了100多年，目前似乎还未有定论。一般认为，苏美尔人并非两河流域平原的土著，他们应该是在公元前4500年左右才成为两河流域冲积平原南部区域的主要居民的，因为在这个时间点前后，该地区语言、文化和物质生活似乎在渐渐地发生变化。当然，否定的声音也是存在的，因为人口的大规模流动一般都会引起社会的剧变，但是没有迹象表明这个时期该地区社会发生过巨大的进步或退步。这似乎也有道理。尽管争论颇多，但有一点是一致的，即苏美尔人是古代两河流域文明最主要的创造者，以苏美尔文明命名古代两河流域文明发展的第一个阶段实至名归。

第二节　苏美尔文明特征

苏美尔文明的特点也十分鲜明：第一，这是一个原生的文明，古代两河流域文明的一切要素几乎都可以在苏美尔文明中找到源头，这些要素的生长过程也清晰可见，也就是说，这是一个土生土长的文明；第二，它不是与世隔绝地、孤零零长大的文明，它的文明个性中有许许多多不同的侧面，这些侧面来自周边国家和地区的影响，它是一个开放、包容的文明；第三，一个开放包容的文明必然也是一个慷慨、外向的文明，它不吝于向外输送自己的发明创造，不吝于分享自己的物质和精神财富，当然有些输送和分享也是具有强制性的，文化霸权自古及今一直存在。

苏美尔文明是古代两河流域文明的第一个发展阶段，两河流域文明的所有基本文明要素几乎都在苏美尔人统治时期出现。这里面有人类生存所必需的要素，比如各种农作物，如大麦、小麦、亚麻、豌豆等；各种家畜，如狗、猪、山羊、绵羊、牛、驴等；各种手工业制造技术，如制陶、冶炼金属、纺织等；各种城市生活技能，如制砖、建房、造船等。当基本生存得到保障的时候，人类文明中社会组织和社会管理的基本要素也开始形成，比如文字、印章、金属器制作和管理、城市管理机构以及国家等。当然，人类精神生活的基本要素也在这个过程中萌芽，比如教育、宗教信仰、仪式活动等。这一切发生在公元前4500—公元前2900年间。

公元前2900年开始，苏美尔文明正式进入国家发展阶段，苏美尔城邦国家、阿卡德王国、乌尔第三王朝和伊新第一王朝，各个时期的文化逐步固化为苏美尔文化的基本要素，其发展历程自成体系，一脉相承。这些丰富的文化要素中既包含经济体制、政治体制、社会等级制度等制度性的文化要素，也包含着思想观念、民族认同、教育、科技、文化、艺术等社会性的文化要素。

文字和文献的发明以及教育是苏美尔文化的代表性成就。教育是苏美尔文化的标志之一。早在公元前3000年，苏美尔人就已经记录了词汇表；公元前2500年，舒鲁帕克文献中出现了神谱、动物词汇表、器物词汇表等专门的词汇表和词组表，这些显然都是出于教育目的。苏美尔文学创作同样源自学校教育。苏美尔人统治时期，文字表现出强大的生命力。阿卡德王朝统治时期，阿卡德语取代苏美尔语成为两河流域冲积平原南部居民日常使用的语言，苏美尔语则局限在学术和宗教领域。从早王朝三期开始，文字书写的数量大幅增加，文献类型和文献内容也极大丰富。阿卡德王国、乌尔第三王朝以及伊新第一王朝时期也是苏美尔和阿卡德文学迅速发展的时期，多种新的文学形式和大量文学作品被创造出来，这些作品中的相当一部分被后世传抄和保存，成为文明经典。

苏美尔人创造的文字

苏美尔人最值得骄傲的艺术成就就是他们发明了写在泥板上的楔形文字的书写体系。此外，用陶土制作的各式陶器，用泥土建造的多级塔庙建筑，利用各种进口原材料制造的奢侈品等，也充分地诠释着苏美尔文明的精髓。

另外，在苏美尔文化形成过程中，科学技术的进步发挥着极其重要的作用。各种科学技术成就源自苏美尔人的生活实践，比如灌溉技术、城市建筑布局、陶轮及钻孔技术、青铜器等金属器的制作技术、医学知识、数学知识等。

当然，苏美尔文明不是孤立地、封闭地形成和发展的文明，它从一开始就是一个开放的文明。这源于两河流域平原地区特殊的地理位置：它通过幼发拉底河和底格里斯河将古代西亚地区连为一体，它连接着地中海和波斯湾，连接着叙利亚沙漠、阿拉伯沙漠、伊朗高原、亚美尼亚高原以及安纳托利亚高原等水陆通道。两河流域下游冲积平原地区地势平坦、土壤肥沃，非常适宜于灌溉农业和交通运输业的发展。下游地区密布的河流、水渠和沼泽有利于渔业的发展。但是，维持日常生活和生产所需要的其他原材料，如高等级建筑需要的木材、石材，制造工具和武器所需要的金属等在这里都极度缺乏。因此，古代两河流域人很早就已经与邻近地区建立了贸易关系。

伴随着古代两河流域冲积平原南部的城市化进程，大约从公元前3700年

开始，以乌鲁克等城市为中心，两河流域南部居民通过贸易和军事扩张等手段，逐步建立起一个庞大的贸易交流体系。这个体系所覆盖的地域包括今天伊朗高原的西部和西南部、安纳托利亚高原东南部、叙利亚巴勒斯坦地区、印度河流域、海湾地区以及伊拉克北部地区等。这个贸易交流体系不仅建立了相对稳定的贸易路线，还确立了贸易管理体系；不仅进行物质交换，还在政治、文化等领域进行密切交流。这是到目前为止两河流域地区所发现的最早的区域性的贸易交流体系，之后直到公元前332年，马其顿的亚历山大大帝征服波斯帝国，地中海交流体系确立，这种区域性交流体系一直存在，并且不断地发展变化。

约公元前2296年—约前2112年阿卡德人通过军事征服和扩张建立了一个跨越两河流域中下游的专制王国。这时，以阿卡德国家为中心，形成了一个以两河流域中下游地区为核心，以两河流域上游、伊朗高原西部、海湾地区、安纳托利亚高原东南部为边缘和半边缘区的交流体系，这是一个新的、较乌鲁克时期更为庞大的交流体系。阿卡德统治者宣称：他在上海和下海之间纵横驰骋。上海指地中海，下海指阿拉伯海波斯湾地区，即海湾地区，其间基本上就是阿卡德国家控制的主要地区。乌鲁克贸易体系中的边缘区叙利亚北部地区，即幼发拉底河中游地区被纳入阿卡德国家的领土范围，成为新的核心区的组成部分。乌尔第三王朝的统治者通过建立京畿区—边境区—附属国区的三级管理体制，开始确立以政治和意识形态为主导的贡赋体系的雏形。阿卡德王国和乌尔第三王朝的统治者创造的“宇宙四方之王”的王衔，将整个天下纳入未来理想的统治框架内，从思想上确立了无限广大的贡赋体系范围。

通过稳定的贸易往来、长期的人口流动、对外战争和征服等活动，苏美尔文明融入了多种文化元素，成为一个多元化的文明。苏美尔人进入两河流域平原南部的过程是长期的、缓慢的、逐渐渗透与融合的，因此，苏美尔人与两河流域平原的土著居民必然是苏美尔文明和国家的共同创建者。在苏美尔人发明的文字中包含了多种塞姆语言要素；在苏美尔人建立的城市中，生活着来自各地的塞姆人和山地人；在苏美尔人的神祇崇拜中，包含着欧贝德人、各支塞姆人移民的神祇。阿卡德人是塞姆人的一支，在成为苏美尔地区的统治者之后，阿卡德人大力发展苏美尔文明，不仅用楔形文字表达阿卡德语，还继续保留和创作苏美尔文学作品；他们还发展了苏美尔艺术，在艺术作品中强调个体描绘和个性特征，这也成为后来苏美尔文明的特色之一。乌尔第三王朝时期是苏美尔文化发展的顶峰，被誉为“苏美尔复兴时代”。在这个时期以及之后的伊新第一王朝时期，苏美尔经济、政治、思想以及文学、艺术等文明要素的发展均再上新台阶。

苏美尔文明是具有广泛传承性的、影响深远的文明。苏美尔文明中的经济基础、政治体制、社会管理、宗教思想、文化和科技要素均对后世巴比伦文明和亚述文明产生了深远影响，并流传后世。这里仅举其中最具代表性的两个要素为例。

第一个要素是乌鲁克时代晚期苏美尔人发明的楔形文字。阿卡德人入主两河流域冲积平原南部后，继续发展苏美尔文明，并借战争和贸易之利向周围地区传播两河流域文明，楔形文字的书写体系基本就是在这个时期被周围居民接受的。用楔形文字书写的民族语言达10余种，其中包括苏美尔语、阿卡德语、埃博拉语、赫梯语、卢维语、乌拉尔图语、阿拉米语、古波斯语等。在近东各国国际交往十分频繁的阿玛尔纳时代，阿卡德语成为近东地区的国际通用语言，各个国家的宫廷都设置了阿卡德语翻译或教师。在一波波移民浪潮中，来自边缘地区的游牧民族到达近东地区，他们大多采纳楔形文字书写自己民族的语言，更多的游牧民族放弃了自己的语言，转而接受了当地的语言文字。苏美尔人创造的国家模式和管理体制、苏美尔神祇的崇拜仪式和传统、苏美尔人的科技成就以及文学经典等都是两河流域地区历代临摹、抄写和保存的经典，也被广大区域的各地居民接受。苏美尔文化的主要元素随之成为巴比伦文化和亚述文化的核心元素。

第二个要素是王权观念。苏美尔王权及王权观念在公元前第三千纪末期形成，其源头却可以追溯至公元前第三千纪的上半叶。在接近1000年的发展中，苏美尔王权观念经历了从无到有，从简单到复杂，从原始到完善的过程。它的发展大致可以分为三个阶段：第一个阶段是苏美尔王权的萌芽和形成时期，基本涵盖乌鲁克时代中晚期至苏美尔城邦时代早期；第二个阶段是苏美尔

早期王权发展及专制王权形成的时期，时间为苏美尔城邦时代（约公元前2900年—公元前2350年）中晚期；第三个阶段是苏美尔专制王权强化和完善时期，经阿卡德王国（约公元前2296年—公元前2112年）及乌尔第三王朝（约公元前2112年—公元前2004年）国王的完善和发展，在伊新第一王朝（约公元前2017年—公元前1794年）时期，苏美尔专制王权观念基本形成。以亚述帝国和新巴比伦王国为代表的亚述和巴比伦王权观念均脱胎于更早的苏美尔王权观念，两者有诸多相似之处，又有各自的发展脉络及特点。之后，波斯阿契美尼德王朝继续发展两河流域王权观念，使其达到鼎盛。

从史前时代到有史时代，苏美尔人及其两河流域地区的同伴共同创造了人类历史上目前所知最古老的文明。它的一切文化要素都具有典型的原生文化的特征。与此同时，苏美尔文化的发展过程又是开放的，这得益于其独特的地理位置和自古形成的广泛的交流体系。通过这个交流体系，苏美尔文化吸收了多元文化要素；通过这个交流体系，苏美尔文化要素传播四方，惠及后人。

第二章　苏美尔文明发展的历史

苏美尔人统治古代两河流域南部地区2500年左右，经历了史前时期的准备阶段，苏美尔城邦时期的早期发展阶段，阿卡德王国和乌尔第三王朝的鼎盛时期，在伊新第一王朝时期逐渐被淹没在新兴的巴比伦文明之中。

第一节　史前文明

古代两河流域文明早期，即苏美尔文明起源的历史应该从农业革命开始讲起。但是，农业革命最初并不是在两河流域冲积平原的南部首先发生的，我们的目光应该首先转向幼发拉底河的中游地区。公元前7000年左右，农业最早在约旦河谷南部出现，大麦和小麦是最早人工栽种的作物。几乎与此同时，在两河流域东部扎格罗斯山区，人类开始驯养动物，最早驯养的动物中有狗、山羊和绵羊，可能还有猪。在早期农业和畜牧业发展过程中，定居的农业村落开始出现。这个时期安纳托利亚高原的恰塔尔休於和叙利亚的耶利哥已经出现最早的人类定居点。农业、畜牧业、定居生活的文明要素逐渐南移，两河流域地区史前文化也开始形成。

所谓的史前文化，是指文字产生以前各个文明区域的人类文化。文字出

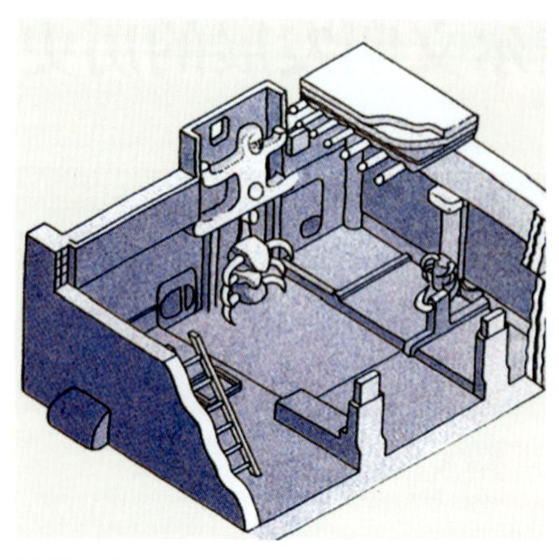

恰塔尔休於的早期人类定居点

现以后的时期一般称作有史时期或有史时代。古代两河流域史前文化的发展经历了五个时期，分别是哈苏纳文化期、萨麦拉文化期、哈拉夫文化期、欧贝德文化期和乌鲁克文化期。文化期是一个考古学概念，表示某一文化的相对年代。由于史前时代没有文字记录，因此复原史前历史主要依靠考古发现，考古学者根据发现的地层确定不同的文化地层，根据一个区域内共同的文化地层特征确定了不同的文化区域，这个文化存在的阶段被称作文化期。各个文化期又可划分为若干个子文化期，大多以数字命名，如一期、二期、三期、四期等。在乌鲁克文化四期，文字被创造，早期国家出现，古代两河流域历史进入有史时期。

哈苏纳时期（约公元前6500年—公元前6000年）开始于约公元前第七千纪中期，其标志是一种新型陶器在两河流域北部出现。这个时期，农业、畜牧业、手工业进一步发展，狩猎仍然是主要生产部门。约公元前第七千纪末期，新型烧制陶器出现，色彩更加丰富，装饰更加奇特，两河流域历史进入萨麦拉时期（公元前6000年—公元前5500年），萨麦拉文化的地域范围从今伊拉克中部向南扩展。在下一个文化期——哈拉夫时期（公元前5500年—公元前5000年），精致彩陶成为主要文化特色。哈拉夫文化集中在北方，但其影响已经扩散到地中海沿岸、叙利亚北部以及伊拉克中部和北部。哈拉夫文化中期以后，在两河流域冲积平原南部，欧贝德文化（约公元前5000年—公元前4000年）兴起，之后它的影响范围北移，逐渐取代北方哈拉夫文化；另外，通过贸易活动，欧贝德文化的影响达到波斯湾地区。欧贝德时期的一个主要变化可能是苏美尔人的到来，如果苏美尔人是外来人口的结论可信，如果学界公认的苏美尔人到达的时间可信，那么这个时间点大约在公元前4500年。欧贝德文化最典型的标志是褐色或黑色几何图案装饰的彩陶，其颜色以浅黄色或绿色为主。欧贝德时期，灌溉农业迅速发展，这一点非常重要。前面讲到的农业起源地区，包括约旦河谷、安纳托利亚高原地区、两河流域冲积平原北部地区，农业生产主要是靠天吃饭，每年的降雨量能够维持一年农业生产所需要的水分。但是在冲积平原的南部，自古以来气候十分干燥，年降雨量很少，由于人口不断增加，人类必然要扩展生活区域，如何克服日益增长的生产需求与降雨量稀少之间的矛盾？欧贝德人创造性地发明了人工灌溉技术，从此以后，纵横交错的人工河渠、运河、堤坝、水池成为冲积平原上的独特风景。欧贝德时期的另外一个重要发展是宗教建筑开始出现，在两河流域南端的埃利都遗址发现了属于欧贝德文化早期的宗教建筑。该建筑是一个连续的神庙建筑序列的起点，之后在原址不断修建、扩建，持续时间长达近3000年。最初，该建筑是只有一两个房间的神殿，至早王朝三期（公元前2100年左右）时，已经扩建成为一个庞大复杂的神庙建筑群。这种原址复建、扩建的建筑传统也被两河流域居民接受，我们在各遗址的神庙建筑、王宫建筑，甚至民居中都发现了这种建筑传统。直到今天，我们还能够看见中东沙漠中伫立的一座座高岗。当代考古学者称它们是“历史给予考古学家的‘奖励’”，在每一座高岗下面，今人都能够揭示出一部古代先民的发展历史。

公元前第五千纪中后期，欧贝德时代结束，古代两河流域历史进入史前时代的最后一个阶段——乌鲁克时期（约公元前4000年—公元前2900年）。欧贝德彩陶逐渐消失，代之以灰色和红色磨光陶器，更加朴素实用的轮制陶器大量出现。两河流域社会也发生巨大变化，社会管理与社会组织更加复杂，城市开始出现。乌鲁克是迄今所知两河流域地区产生的第一个城市，可能也是世界历史上的第一座城市。乌鲁克位于冲积平原的南部，今名瓦尔卡。乌鲁克晚期的城市确立了两河流域城市布局的雏形：在城市的中心是高大宏伟的神庙建筑，城市主干道连接各个城门与神的在各个主干道两侧是民居。乌鲁克的中心建有伊斯塔女神的埃阿纳神庙和天神安努神庙建筑群，整个建筑群规划严密，装饰精美。墙壁上用各色圆头或花头锥体装饰的马赛克图案，色彩艳丽，这是乌鲁克文化的标志性建筑装饰特征，在两河流域北方、伊朗西部以及两河流域其他城市遗址中也有发现。

乌鲁克时期也是两河流域平原贸易活动空前发达的时期，乌鲁克商人的贸易活动足迹北抵安纳托利亚东南部，西至叙利亚北部地中海沿岸，东达伊朗高原东南部，南迄海湾地区。他们打通前往这些地方的道路，在各地建立乌鲁克人的贸易据点，在广阔区域内交换各种产品。两河流域平原物产相对贫瘠，尽管维持日常生活所需的粮食、基本建筑材料、基本生产工具原料等并不缺乏，但是高级建筑和装饰材料、质量较好的工具原料以及各种奢侈品几乎一无所有，因此两河流域人必须开发各种交换渠道，获取更多资源。可以说两河流域文明的发展史就是对外开发、开拓贸易通道的历史。乌鲁克时期，这种开发活动达到第一个高潮，我们在叙利亚北部和土耳其南部都发现了模仿乌鲁克建造的城市，在海湾地区、伊朗高原等地发现了具有乌鲁克文化特征的产品。

在乌鲁克时代晚期（乌鲁克四期，约公元前3500年—公元前3200年），文字开始出现，最早的文字是图画文字，主要在神庙中发现，大多是账目记录。之后再晚一些（捷姆迭特纳色时期，约公元前3200年—公元前2900年），这些图画文字发展成为楔形文字。这种文字在之后2000多年时间里逐渐发展，成为可以书写20余种语言的文字书写体系。文字的出现对于古代两河流域文明至关重要，它不仅标志着古代两河流域历史发展进入一个崭新阶段，也在世界文明史上留下了浓重的一笔，两河流域地区因此被称为“文明的摇篮”。

Line of text	c. 3000 BC	c. 2500 BC	c. 2000 BC
1			
2			
3			
4			
5			
6			
7			
8			
9			
10			
11			
12			
13			
14			
15			
16			

早期楔形文字

古代两河流域地区曾经有一个关于文字起源的故事。相传乌鲁克的一个首领与一个遥远城市阿拉塔的首领有事要商议，他三番两次派使者去口头转达自己的意见，但都无法明确表明自己的意思。来去几次后，双方都失去耐心了，本来相安无事的两个城市剑拔弩张，战争一触即发，乌鲁克首领终于决定把自己的意思画下来，让使者带过去，文字也就此产生了。事实上，文字的出现应早于故事中所反映的年代，最早的文字大约出现在公元前3200年。早期的记录多数是数字记录，包括粮食的产量、货物的数量等。文字写在泥板上，古人用削尖的芦苇秆在湿泥板上写好楔形文字文献后，在太阳下晒干或烤干后就放在泥制的书架上保存，或封在泥信封里邮寄。古代两河流域人在泥板上记录 的自己创造的辉煌灿烂的文明，几千年后，我们这些现代人读起来仍然感叹其史诗之气势磅礴、悲歌之委婉缠绵、书信之真实确证、王诏之威严肃正。

乌鲁克时期，以苏美尔宗教为主流的多神崇拜稳定发展，以神祇、神职人员和神庙为主要特点的苏美尔宗教体系初步形成。苏美尔城邦时期，每个城邦都有自己的保护神，城邦统治者被认为是神祇任命的人间代理人，负责神祇的日常供奉。各城邦共同信奉尼普尔为宗教中心，认为自身的权力来自尼普尔的神恩利尔的授予和认可。

乌鲁克时期，在整个两河流域南部，以城市为中心的聚落规模开始扩大。在聚落发展过程中，文字出现并广泛用于社会管理；以神庙为标志，宗教的作用日益增强；贸易，特别是长途贸易不断发展。经过漫长的发展历程，在乌鲁克时代晚期及捷姆迭特那色时期，国家开始在两河流域平原萌芽，两河流域历史进入苏美尔城邦时代。

第二节　苏美尔城邦时期

尽管已经出现文字，但是目前所发现的关于苏美尔城邦时期的文献资料仍然十分稀少，并且主要集中在晚期。因此，复原城邦时期的历史仍然主要依靠考古发现。考古学者将这个时期称作早王朝时期，根据考古地层研究成果，又将这个时期划分为早王朝一期、二期和三期，其中三期又被细分为前期和后期两个阶段。

苏美尔城邦时期或早王朝的历史从公元前2900年左右开始，至约公元前2350年止，持续约550年。根据后世编纂的《苏美尔王表》（后简称《王表》），从洪水以后，先后有多个城市统治苏美尔地区，每个城市统治一个周

期，称巴拉（意思是“轮流”），大概与我们所说的朝代意思相同。《王表》中说：在一个巴拉内，当值城市的统治者家族统治苏美尔地区，在统治末期，另外一个城市打败当值城市，开始新的巴拉周期。《王表》的记载给我们一个印象，那就是每个城市轮流统治苏美尔地区，但是考古发现得出的结论不是这样。考古发现证明城邦时期多个城市共同存在，城市之间可能结盟，在不同时期可能存在盟主或霸主。而且《王表》中还有一个重大缺失，它没有记录平原南部的一个重要城邦拉伽什。对此，学界的解释是：现有《王表》编纂于伊新第一王朝时期，拉伽什曾经统治伊新，伊新曾经长期与拉伽什城邦水火不容，因此伊新文献中绝不会出现任何与拉伽什有关的记录。

无论如何，《王表》中出现的众多霸主城市、城市的统治者都已经被考古发现所证实，其中包括史前时代就已经发展起来的乌鲁克、埃利都等城市，也包括在城邦时代称霸一时的基什、乌尔、乌玛等城市，还有苏美尔人的宗教中心城市尼普尔，其他还有许许多多很少见于记载的城市。

结合《王表》记载和考古发现，城邦时代的历史大致可复原如下：早王朝一期的年代为约公元前2900年—公元前2700年。《王表》中说，大洪水后，“王权降临到基什”，基什是洪水后第一个称霸的城市。基什位于两河流域南部冲积平原的北方，幼发拉底河岸边，是通往两河流域下游的交通要道，也是水利灌溉系统中的枢纽，能够联络各个城邦。可能因为地理位置和战略地位重要，“基什王”在相当长的时间内超越了城市统治者的内涵，是霸主和专制国家统治者的代名词。早王朝二期（约公元前2700年—公元前2500年）的主要城邦是乌鲁克城邦。乌鲁克位于两河流域冲积平原南部，是迄今所知世界历史上最早形成的城市。这个阶段，乌鲁克城邦涌现出一位传奇人物吉尔伽美什，他的故事在两河流域宫廷和民间流传了几千年。早王朝三期（约公元前2500年—公元前2350年）是苏美尔城邦发展的鼎盛时期，乌尔和拉伽什等城邦的争霸斗争是这个阶段的主旋律。乌尔是《王表》中记录的这个时期拥有王权的城市，同时是通往海湾地区的重要枢纽。拉伽什及其宗教中心吉尔苏位于两河流域最南端，这个城邦并未在《王表》中出现，但大量苏美尔城邦时期的文献证明，这里曾经是一个十分强大的苏美尔城邦，并长期与乌尔等争夺霸权。

城邦是古代两河流域国家形成后采用的第一种政体形式，它以一个或多个城市为中心，统治附近区域的若干个中小城市和农村，领土面积不大。苏美尔城市多以神庙建筑为制高点。王宫建筑出现较晚，直到城邦时代后期才出现。城邦与城邦之间领土接壤，可能仅依靠天然或人工河道区分城邦之间的界限。苏美尔城邦主要分布在两河流域冲积平原地区，在今叙利亚北部、两河流域冲积平原北部以及伊朗高原东南部也存在部分城邦。

城市是城邦行政管理机构所在地，是军事防御的中心，也是宗教、商业中心和货物集散地。由于地理位置、历史沿革等因素，每个城市的中心功能有所不同，比如尼普尔是宗教中心，乌鲁克是政治中心和商业中心，乌玛是军事防御中心。

苏美尔城邦中的人口包括城市的最高统治者、各职能部门的大小官员、城市中从事各种职业的手工业者、商人、小商贩等，可能还包括奴隶。苏美尔人认为一个城市属于该城市主神所有，城市的统治者是神的代理人，代表神管理城市，城市中的所有居民都是神的奴仆，以侍奉城市神为主要职责。城邦人口数量应在一千人至十万人，典型城邦的人口数量应为几千人，少数城邦可达万人以上。城邦日常事务由统治者处理，苏美尔城邦的统治者称卢伽尔、恩西或恩。遇到战争、冲突等问题时，统治者在古埃那或温肯召开城邦部分成员（长者或者贵族）或全体男性参加的议事会，以此决定是用战争或是和平的方式解决问题。这被认为是早期民主制度的体现。

苏美尔城邦的经济门类多种多样，农业是主要生产部门，畜牧业、渔业、手工业、商业等是重要的辅助部门。南北方经济由于自然环境差别明显，经济所有制形式亦有所差别。在南方，城邦控制的神庙占有几乎全部农田，私人经济的作用极小；城邦所有人员都服务于神，社会等级划分标准基于财产而非出身。在北方，王室所有和私人所有制占支配地位，神庙经济居从属地位；社会等级划分十分明确，奴隶和农奴最早也在北方出现。

等级差别从早王朝二期、三期开始日益明确。上层等级由统治者、各级官僚组成。各城邦的统治者称谓不同，卢伽尔后被用作国王的王衔，似乎更加突出军事统帅的职能；恩西侧重于行政管理职能；恩可能更加偏向于宗教职

能，这些上层等级占有社会的绝大多数土地和财产。中间等级包括自由人、一般神庙人员（指除祭司和神庙奴隶之外的人员）、商人和土地所有者。他们拥有自己的产业，定期服劳役和兵役，但有因债务沦为奴隶的危险。最低等级是奴隶，男奴称阿拉德，女奴称盖麦，奴隶已经普遍用于家内劳动，主要来源有战俘、买卖和债务奴隶。战俘奴隶数量很少，多数战俘被就地屠杀，少数战俘被分配到王宫和神庙中，还有少数被赏赐给高级官吏，成为家内奴隶；买卖的奴隶主要来自山区和沼泽等经济、政治发展相对落后的地区；债务奴隶原来是本城邦的自由人，因欠债自卖为奴或者被丈夫、父亲等债务人抵押为奴隶。债务奴隶一般在还清债务后可脱离奴隶身份，著名的乌鲁卡基那改革中颁布的释奴令主要针对的也是这些债务奴隶。

苏美尔城邦时期，军事防御战争和对外征服战争是城邦间关系以及对外关系的主要内容。战争的主要目的是争夺水源、争夺对灌溉设施的主导权。拉伽什王埃阿那图姆的鹫碑铭文记录了拉伽什和乌玛之间的土地和水利纠纷，是世界历史上最早的关于水利设施纠纷的记录。鹫碑中同样表现出苏美尔城邦的军队组织：军队以步兵为主，已经有统一的服装；从武器中可看出军事等级的存在，有步兵和重装步兵的划分。另外，在乌尔发现的战争场景的描述中，间或出现驴拉战车兵或牛拉战车兵。

在法律传统上，两河流域地区是世界上最早出现成文法典的地区，苏美尔城邦时代末期的乌鲁卡基那改革诏书，被认为是古代两河流域地区最早的成文法律，它反映出的最重要的观念是：王的职责中包含了维护社会正义、抑强扶弱的因素，其内容包括确立一夫一妻制、禁止将神庙产业用于或侵吞为王宫所有。这是法律观念的萌芽，同样的法律观念也体现在经济领域。城邦时期已经出现了因财产交换、继承和土地买卖而签署的合同文书，涉及证人、印章、交易种类和数量等内容；在私人纠纷中，强调报复原则和赔偿原则。

城市国家、城市管理机制、社会等级划分、战争与军事组织、法律与司法实践，这些在现代国家中普遍存在的元素在苏美尔文明的鸿蒙时期就已经出现，并且随着时代的变迁不断发展、变化。

第三节　阿卡德王朝

在苏美尔城邦时代末期，城邦之间的争霸战争逐渐演变为领土征服战争，乌鲁克王卢伽尔扎泽西统一南部几个苏美尔城邦，创立了一种不同于城邦政体的新型国家统治模式。与此同时，在两河流域冲积平原北方，萨尔贡领导的塞姆人集团建立了阿卡德王国。

阿卡德王国是古代两河流域历史上具有开创性的一个王国，它的地位和状况颇为类似于中国的秦朝。它们同样一统南北，建立了一个地域辽阔的王权国家；它们同样采取各种措施巩固统一国家的统治，包括实行政治体制、经济体制、文化体制等多个领域的变革；它们同样面临着新型国家的各种各样的问题，十分强大，但也十分脆弱，轰然倒塌的命运在所难免。但是，历史的发展必然不可能是完全一致的，两个开创性国家采取的统治措施和面临的问题具有各自的地区和文化特性。

阿卡德王国统治两河流域平原约150年，这是有明确的王名留存的五位国王统治的时期。五位国王分别是：萨尔贡、瑞穆什、玛尼什图苏、纳拉姆辛、沙尔卡里沙瑞，之后是几位名字不详的国王以及古提人短暂统治的时期，大约持续了30—50年。

阿卡德国家是一个疆域空前辽阔的国家，阿卡德王努力加强专制王权统治，并建立配套的官僚体系。阿卡德王成为至高无上的人，甚至是神，他集政治、经济、司法、军事、宗教大权于一身。王国的缔造者“萨尔贡”的意思是“真正的王”，从名字上就向世人昭示了他的权威。纳拉姆辛则直接在自己的名字前面加上代表神的符号“丁基尔”，与众神拥有平等地位和特权。阿卡德王朝的首都阿卡德城不是一个城邦的中心，它是一个广阔区域的中心，是政治和经济中心，来自全国各地的货物都运抵阿卡德港口，城邦原来控制长途贸易的权力丧失。

在专制王权观念的支持下，阿卡德王确立中央政府统治下的权力体系。原苏美尔城邦成为新兴国家的地方政府所在地，官员由中央派驻，称恩西，阿卡德公民占据了直到下海（即波斯湾）的所有恩西职位。另外，阿卡德国家还

建立了全国统一的公文和文书管理体系，并统一文字、度量衡。阿卡德语取代苏美尔语成为两河流域南部的通用语言，从此以后的2000多年时间里，阿卡德语及楔形文字成为两河流域地区各个民族使用的主要语言文字，并且一度成为当时近东国际社会通用的语言文字，其在这些地区的地位相当于20世纪以来英语在全球政治、经济和文化等领域的地位。

但是，阿卡德国家仅仅存在了100多年。在纳拉姆辛统治时期，阿卡德国家边境地区开始遭到游牧民族的骚扰；在内部，原苏美尔城邦蠢蠢欲动，通过各种手段企图脱离专制王权统治，恢复城邦体制。根据后世编纂完成的《诅咒阿卡德》文献记载，纳拉姆辛自称为神，并在阿卡德城修建纳拉姆辛神庙。此举没有得到众神认可，后者降罪于阿卡德国家，召来山区中野蛮的古提人摧毁阿卡德国家。考古证据表明，公元前2200年左右，在叙利亚和两河流域北部，众多城市被废弃，原因可能是气候变化导致的长期干旱，加之新兴的专制国家在统治理念及管理手段上存在缺陷，因此造成国家统治衰落，王室丧失对地方的统治权。《王表》文献记载的“谁是王，谁非王”，表现了阿卡德王国末期混乱的政治局面。

第四节　乌尔第三王朝

阿卡德王朝末期，古代两河流域平原再次陷入分裂，城邦重新成为主要的国家类型。来自山区的古提人控制原阿卡德国家的一部分领土，在原来苏美尔城邦的核心区域，苏美尔人仍然控制着部分城市及其周围地区，以乌鲁克城邦和拉伽什城邦为主要代表。

阿卡德王国灭亡100多年后，乌鲁克城邦派驻乌尔的军官乌尔纳玛（公元前2117年—约公元前2095年）先后打败乌鲁克和拉伽什城邦，再次统一两河流域南部，在乌尔城建立新王朝。因其是历史上在乌尔建立的第三个王朝，故称乌尔第三王朝；又因其宣称恢复和发扬苏美尔文化，故称新苏美尔时期或苏美尔复兴时期。乌尔第三王朝在古代两河流域历史中的地位十分重要：一方面，这个时期苏美尔文明发展达到顶峰，各种类型的苏美尔国家管理文献、文学文献和科技文献在这个时期创作、抄录和保存；另一方面，乌尔第三王朝是一个重要的承上启下的时代，它的国家管理体制和王权统治观念上承阿卡德王国第一个专制王国，下接古巴比伦王朝的中央集权体制。

乌尔第三王朝共存在100多年，同样历任五代王的统治，他们是乌尔纳玛、舒尔吉、阿玛尔辛、舒辛、伊比辛。

乌尔第三王朝仍然尊崇君权神授观念。历代国王一方面通过建立与神的亲缘关系，宣扬神授权力等传统方式，确立统治的合法性，王成为神在人间的代理人，神授予王统治百姓的权力，而且，王还是神与人类之间沟通的桥梁。另一方面，乌尔统治者又独树一帜地自封为神，并通过建立神王神庙、崇拜祖先神、举行“圣婚”仪式等巩固与神的维系纽带，进而巩固王室在宗教、经济事务中的特权地位。乌尔第三王朝的国王一步步地拉近自己与神祇之间的距离，借此拥有至高无上的神圣权力。

乌尔第三王朝第二王舒尔吉（公元前2094年—公元前2047年）进行了广泛的政治、经济体制改革。他确立京畿区、边境区及附属国的中央与地方的三级管理机构。京畿核心区基本依照原来的城邦界限分为若干省。省长称恩西，由中央任命，直属首相苏卡尔玛赫管辖。除恩西外，各省还设有军事长官萨吉那，驻在省府。恩西与军事长官有职责分工，恩西负责神庙及地方事务，军事长官负责军队及管理王田中的王室依附民，二者互相制约、互相监督。高级军事将领由王室成员和王室姻亲担任。核心区以东的底格里斯河东岸为边境区，分若干管理区，管理者称哈扎努，相当于市长，由附近京畿核心区的行政长官管辖。边境区外围为附属国，乌尔第三王朝的统治者通过军事征服、联姻、宣誓效忠、纳税收贡等手段与附属国建立了比较稳定的关系。税收体制在古代两河流域国家形成时就已经存在。舒尔吉时期进行税收制度改革，建立两种税收体系：一种针对京畿核心区和边境区，一种针对边境区和附属国。此外，附属国还必须向中央政府纳贡（称“比尔图”）。针对京畿核心区的税收制度称为巴拉制度，其核心是建立在核心地区的再分配中心，它们收缴各省上缴的赋税，再负责向下发放。边境区位于核心区与附属国之间，在边境区的税收既有

针对核心区的巴拉税，也有针对附属国的税收体制，称为衮玛达。

乌尔第三王朝后期，边境地区再次发生危机。伊比辛（公元前2026年—约公元前2004年）统治时期，危机达到顶点。伊比辛与其两个行省长官之间的往来信件描述了乌尔第三王朝末期面临的困境：粮食供应严重短缺，物价迅速上涨；边境地区的游牧民族阿摩利人集团势力日益增长，阻断交通要道，阻碍粮食运输；两河流域南部城市发展自身势力，逐渐脱离中央控制。内忧外患之下，东方的埃兰和西玛什基联军进攻乌尔，伊比辛不得不独自率领缺兵少将、供应不济的军队进行抵抗，其结果不言而喻。对于乌尔王朝的陷落，文献中说："乌尔的统治太过长久了，不要徒劳无益地负隅顽抗了，放弃吧。"这反映出与中国周代以来形成的天命观极其类似的王权观念，值得我们关注。

乌尔第三王朝在阿摩利人的迁徙浪潮中灭亡，阿摩利人成为两河流域平原的新主人，他们建立了一大批城市政权。这些阿摩利人遵循着不同的文化传统，其中伊新第一王朝以古老的苏美尔城邦伊新为统治中心，以苏美尔文化的继承者和传承者自居。尽管如此，大多数阿摩利人王朝选择部分接受苏美尔文明，部分保留自身文化传统，进而将二者融合，开创了新型的两河流域文明。后来，因为巴比伦城市政权崛起，这个新型文明被命名为巴比伦文明。这个众多阿摩利人城市争霸的时代被称作古巴比伦时期的早期阶段，又称伊新拉尔萨时期。为了保证叙述的完整性，本书将在下一篇巴比伦文明中讨论伊新第一王朝的历史。

在苏美尔文明2500年的历史中，涌现出形形色色的人物，他们中有许多人成为后世的传奇人物，他们的事迹在官修文献、民间传说中被代代传颂，这里，我们仅选取其中的几个人物进行介绍。

第三章　苏美尔文明人物志

第一节　乌鲁克城邦统治者吉尔伽美什

吉尔伽美什是公元前2800年左右乌鲁克城邦的统治者。乌鲁克，阿拉伯人称瓦尔卡，《圣经》中称之为埃来克，楔形文字文献中则称为乌努克。乌鲁克位于幼发拉底河以北，纳西里耶和塞马沃之间。古代乌鲁克位于幼发拉底河岸边，由于河流数次改道，现在的乌鲁克遗址距幼发拉底河约19千米。乌鲁克城有6000多年历史。它由原来的大型聚落发展成为城镇，再经过与周围城镇聚落的融合、重组，形成了两河流域乃至世界历史上第一个真正的城市。乌鲁克城市的主体是由两个独立聚落库拉巴和埃安那组成的，二者合而为一，占地约0.8平方千米；到城市发展鼎盛时期，其城市面积4.5平方千米，有5000人口。在两河流域神话传统中，乌鲁克一直是一个重要的城市。在两河流域政治发展史上，乌鲁克的地位十分重要，因为它是这个地区最早出现国家的地方，在城市的神庙里，出土了人类最早的文字记录，在乌鲁克发现的几千块泥板，最早的可追溯到公元前5000年。

历史上有关吉尔伽美什身世的传说非常多，仅谁是他的父亲，就有两种以上的说法：一种说法说他是乌鲁克前王的儿子；另一种说法是他的父亲是一个神职人员，他先继承父亲的神职，又从一个神职人员晋身成为统治者；还有

一种说法是，他并非乌鲁克本地人，却成功地获得了乌鲁克的统治权。之后，他自称为某个乌鲁克王的儿子，使自己的身份合法化。关于他的母亲，也有不同说法：一说她是乌鲁克一个区的神庙女祭司，另一说她是野牛女神宁荪。因此，才有说法说吉尔伽美什后来成为神话中的神，或者说有2/3神祇血统的神。考古发现也证明，吉尔伽美什是一个真实的历史人物，文献中记载他修建了乌鲁克城墙，这已经过考古发现证实。与吉尔伽美什有关的民间传说故事也广为流传。特别是在乌尔第三王朝时期，乌尔王朝统治者追溯王统至乌鲁克第一王朝，乌尔第三王朝第二王舒尔吉奉吉尔伽美什的父母为自己的父母，称吉尔伽美什为自己的兄长，因此乌尔第三王朝王室广泛征集、编纂吉尔伽美什的故事。

这块《吉尔伽美什史诗》泥板上记录了大洪水的故事

吉尔伽美什时代之后的几百年，他成为古代两河流域地区文学作品中的一个传奇人物。古巴比伦人辛·莱克·乌尼尼（Sin-leqi-unninni）编撰整理了民间流传的吉尔伽美什的故事，形成一部史诗——《吉尔伽美什史诗》，这部史诗后来成为王室图书馆中的藏书，它的地位和发展的历史类似于我国古代的《诗经》，其亦是收集整理民间诗歌而形成的一部著作，后来成为民族文化的经典，也可以说它是西方脍炙人口的《荷马史诗》的祖先。《吉尔伽美什史诗》的版本很多，从语言上说有苏美尔文版本、阿卡德文版本、胡利安文版本和赫梯文版本；从时间上说，有公元前2000年、前1200年和公元前7世纪三个时代的版本传世。1853年，《吉尔伽美什史诗》泥板由英国考古学家莱亚德爵士和拉萨姆在尼尼微的王宫博物馆发现，后运回英国，保存在大英博物馆。1872年12月3日，在大英博物馆从事研究工作的乔治·史密斯（Geroge　Smith）在刚刚成立的《圣经》考古学会上宣布，他破译了在尼尼微发现的一些泥板，确定在泥板文献的后半部分记载的是《圣经》中的洪水故事。这之后，在其他遗址中，如尼普尔、基什和乌尔，陆续发现了记载吉尔伽美什故事的残片。史诗全部故事写在12块泥板上，开篇讲述了乌鲁克城的建城和吉尔伽美什的政绩，之后分别是讲吉尔伽美什和恩基都的友谊、两人大战森林妖怪洪巴巴、恩基都之死、吉尔伽美什寻找长生不老的秘诀、洪水和方舟的故事，以及不可抗拒的命运等几个部分。

第二节　拉伽什战神埃阿那图姆

现在，我们的视线转向冲积平原南端的拉伽什。拉伽什城邦中心由拉伽什和吉尔苏两个部分组成，这里是现代考古学者在两河流域南部冲积平原地区最早发掘的一个遗址。奇怪的是，无论是在早期考古学者所依据的《旧约圣经》里，还是在陆续发现的用楔形文字记录的《苏美尔王表》里，学者们都没有发现有关拉伽什城邦的记载。它不重要、不值得一提吗？考古发现所展现的完全不是这么一回事儿，各类艺术雕塑告诉我们，这是一个城邦，城邦首领的家族拥有政治、经济和宗教特权；大量的行政文书档案和各种合同文献告诉我们，这是一个政治、经济、宗教和贸易中心。拉伽什王朝（约公元前2500年—公元前2300年）是早王朝后期两河流域南部最重要的王朝之一，王朝的统治者修建了许多神庙，并对周围城邦发动战争。在泥板、石器和金属器上记录了他们的功绩，城邦的统治者以保护神宁吉尔苏之名担任城市的保

鹫　碑

护者，负责维护和修建神庙。统治者同时还是军事首领，著名的拉伽什和乌玛的冲突被详细地记录下来，冲突的原因是持续几代的土地之争。

拉伽什王埃阿那图姆（约前2450年）以此为借口发动了战争。这场战争的来龙去脉被形象地刻画在一块被称为鹫碑的石碑上。石碑通过文字记录与场景刻画相结合的方式记录了一场战争，这是世界历史上第一场有完整记录的战争；这是一场围绕领土、水源、权力而发动的战争，今天战争爆发的基本要素都在这场战争中有所表现。当然，因为这是古人记录的战争，玄幻的、神圣的要素占据着十分显著的位置。鹫碑上，埃阿那图姆王首先向城邦的保护神、苏美尔战神宁吉尔苏报告乌玛人破坏协定、越过边界之事，并请求保护神惩罚犯罪者。宁吉尔苏的回应出现在王的梦里，他断言王能够在即将到来的战争中获胜。获得城市主人的认可后，王御驾亲征，他站在战车上指挥部队，之后又徒步率领严密的步兵方阵作战，敌人纷纷倒在他的脚下。在鹫碑的顶部，一头秃鹫衔着死者的头颅，这是拉伽什战胜乌玛的标志。在文献中，埃阿那图姆写道："吾建造了20个坟丘埋葬敌方的死者。"

鹫碑上的武器和士兵装备令人印象深刻，战神宁吉尔苏和国王埃阿那图姆使用战网捕获敌人；士兵头戴独特的尖角头盔，手执长矛，用他们巨大的、长方形的盾牌交叠组成坚固的防线，重装步兵方阵显然是这个时期通用的对阵方式。另外，乌尔王陵的发现表明驴拉战车或牛拉战车也已经用于战争。在武器方面，弓箭应该已经用于战争，这个时期使用的复合弓是非常重要的武器，它精确度高，射发威力大，埃阿那图姆在与乌玛的战争中曾经被弓箭射中眼睛。在阿卡德王纳拉姆辛著名的凯旋碑上也出现了复合弓的形象。复合弓也被用在狩猎活动中，乌鲁克早期碑刻中描绘了一个王室成员用复合弓射杀一头狮子的场面。

拉伽什士兵拥有的优良装备显然帮助了拉伽什在短期内称霸两河流域冲积平原。埃阿那图姆宣称他征服了冲积平原南部、东部的众多重镇和国家，包括埃兰、乌鲁阿（可能位于埃兰边境）、乌玛、乌鲁克、乌尔和基乌图（一个南方城市）；他还宣称成功地掠夺了三个更遥远的埃兰边境城镇，杀死其中一个城镇的王子；并且他镇压了阿克沙克（北方城市）王起义，应因此获得拉伽什统治者称号和基什王衔。基什王衔非常重要，它表明这位拉伽什统治者当时已经成为冲积平原某个区域的霸主，不仅有统治本城邦的权力，也有控制其他城邦政治、经济、宗教事务的权力，有调节其他城邦间纠纷的权力。根据当时的城邦局势，拉伽什所控制的应该是一个类似于城邦联盟的组织，成员城邦区域应该是拉伽什城邦能够控制和影响的地区。根据文献记录，埃阿那图姆之后巩固并扩展了他的军事功绩，东、北、西（幼发拉底河的马瑞）各方领主，以某种尚不明晰的方式尽臣服于他。

埃阿那图姆显然是拉伽什城邦历史上战功赫赫的一个统治者，他统治时期雕刻的鹫碑既是他军事成就的见证，也成为苏美尔艺术和军事文明的标志。

第三节　改革者乌鲁卡基那

乌鲁卡基那是拉伽什城邦的最后一个统治者。这是一个悲情人物，他曾经经历过拉伽什城邦的盛世，也见证了该城邦在与其他城邦的争霸战争中的风雨飘摇；但更加令他不安的是，城邦内部危机重重。在这个背景下，乌鲁卡基那尝试通过改革挽救危局。这些都是一块运河界碑上用楔形文字书写的苏美尔文献告诉我们的，这块石碑上记录的就是乌鲁卡基那改革诏书。

乌鲁卡基那改革诏书

乌鲁卡基那改革针对当时城邦内部严重的土地分配不均、神庙土地流失严重、债务奴隶人数快速上升、城邦经济实力下降等社会现象，提出土地全部归神庙所有，首领家族是神在人间的代理人，负责管理土地和经济活动；采取减免债务、释放债务奴隶等措施，其中所反映出来的一个理念，即保护

弱者，保护鳏寡孤独，使老有所养，幼有所依，这是后来两河流域地区法律观念中的一个重要内容。世界历史上第一部完备的成文法典——《汉谟拉比法典》将其明确为“使强不凌弱”。乌鲁卡基那改革诏书记录在一块运河界碑上。但是，显然乌鲁卡基那的改革并没有挽救拉伽什城邦的命运，乌鲁卡基那也是城邦的最后一个王。在改革后的第三年，拉伽什城邦被乌鲁克城邦吞并，成为城邦争霸战争早期就被吞并的城邦之一。乌鲁卡基那以悲痛的语气说：

乌玛人（卢伽尔扎泽西），因摧毁了拉伽什，已经冒犯了宁吉尔苏（即拉伽什的主神）！愿他的帮手（即神）被铲除！乌鲁卡基那，吉尔苏王，从未犯任何过错！愿尼达巴，乌玛统治者，卢伽尔扎泽西之女神，将此罪降之于他！

第四节　谜一样的普阿比

同样在冲积平原的南端还有一个著名城邦乌尔。乌尔是古名，阿拉伯人称为穆卡亚尔，现在，乌尔这个古名已经取代了阿拉伯语的名字。乌尔位于两河流域冲积平原的西南，幼发拉底河下游西岸。这里是《圣经》中以色列人的祖先亚伯拉罕的家乡。根据考古发现，乌尔早在7000年前就已经有人类定居，他们主要从事农业生产。在5000年前，乌尔已经发展成为两河流域南部地区一个重要的城市；大约在4400年前，乌尔城进入第一次发展的高峰时期，它是当时两河流域冲积平原地区的主要势力，乌尔人的足迹甚至到达了幼发拉底河中游和波斯湾沿岸。以乌尔为中心，建立了一个王朝，史称乌尔

乌尔王陵中发现的精美头饰

“乌尔旗帜”局部图

第一王朝。在历史的潮起潮落中，乌尔城也几经沉浮，直到400年后，它又再次创造辉煌，成为一个新的王朝的首都，这就是乌尔第三王朝。在乌尔第三王朝之后，乌尔没有再成为王朝的首都，但它一直保持着地方政治中心的地位。公元前7世纪和6世纪时，当时的几任新巴比伦王先后修缮城市和神庙，使之成为宗教中心。公元前4世纪时，由于幼发拉底河改道，乌尔城被逐渐废弃。

1922年至1934年，一个叫查尔斯·莱昂纳德·伍利的英国考古学家在乌尔开展了历时13年的考古发掘活动，他在这里的发现震动了世界，向世人展示了一个前所未有的艺术宝库。他在乌尔王陵中发现各式陪葬品，它们既表现出先进的金属冶炼和镶嵌工艺，也表现出苏美尔人天才的艺术构想。在被伍利称为“乌尔旗帜”的梯形箱体上，分别描绘了城市居民的战争与和平生活，战场上的震天喊杀之声、宴会上的歌舞升平之乐似乎跃然耳边；牛头竖琴和七弦琴用来自阿富汗地区的天青石、印度河流域或埃及的黄金，以及来自海湾地区的象牙片装饰，经长途运输而来的物品衬托出凝重的琴音；“荆棘丛中的羊”在《圣经》故事中也有记载，献祭给神的黄金羔羊在奇石的丛林间表达着人类对神的敬重与虔诚之情；为数众多的首饰、护身符，各种材料的器皿等将古人生

活的情趣与奢华向我们娓娓道来。

在辉煌的王陵中，一个名叫普阿比的女性名字进入我们的视野。伍利在他所命名的乌尔王陵的第800号墓室发现了这名女性。墓室地面是夯平的泥土，用芦苇席铺地，有个地方用粗糙的石灰石板铺成。在墓室前方发现了一口木棺，棺内骸骨为女性，其肩膀附近陪葬品十分丰富。根据周围陪葬品上的符号，确定主人名叫普阿比。在墓室中间有一个木柜，伍利认为它可能是放置墓主人衣物的衣柜，周围有零散的贝壳和石头，可能是装饰衣柜的配件。在墓室外排列着陪葬者的尸体，衣着类似战士和女仆，尸体排列的姿势显示他们在保护或服务于躺在墓室里的人。在众多的陪葬品中，有一个护身符特别引人注目，护身符上有3颗珠子，组成珠串，其中两颗珠子为天青石，一颗珠子为玛瑙。天青石形状是一头小牛，质地细致，色泽柔和。普阿比的发饰异常富丽堂皇：她的头发用金头环束紧，用金簪子固定，用珠饰装饰；她还佩戴一个用黄金编成的王冠。普阿比有许多条陪葬的项链，有天青石和玛瑙的，项链坠则是黄金的，还有纯金项链；胸饰和手镯当然也是不可少的。由于古人认为人死后在地府继续生活，因此，陪葬品中有许多生活用品，有吸管，以及金凿、金锯、青铜斧等工具；有金碗、石碗、石罐等容器；有交通工具，在墓室中央发现的交通工具类似“雪橇”，车前有两头拉车的牛的骸骨，还有两具人的骸骨，应是车夫。作为贵族，娱乐和宴会是生活的主要内容，在这个墓室以及其他两个墓室，都发现了乐器的残片，有船形竖琴，有七弦琴。

普阿比是谁？她是王后还是女王？这些问题目前还无法解答。但是普阿比墓葬中的发现给我们提供了十分丰富的古代乌尔人的生活信息：生活中使用的家具、器物；女性装饰的饰品和审美观；陪葬品原料大多来自长途贸易，其中包括来自阿富汗山区的天青石以及极有可能来自印度河流域的黄金等。另外，在乌尔发现了古代两河流域以人殉葬的证据。这些细节都是普阿比留给今人的谜题，等待着人们去一一解答。

第五节　一统山河的萨尔贡

在两河流域冲积平原的北方，由萨尔贡领导的塞姆人集团建立阿卡德王国（约公元前2296年—约公元前2112年）。萨尔贡其人其事堪比中国古代统一六国的秦王嬴政。

萨尔贡在古代两河流域历史中是一个传奇人物。今人世对于萨尔贡这个国王的认识大多来自两河流域后世文献记载，也因为如此，萨尔贡的身上笼罩了一层神秘、迷幻的色彩。首先，萨尔贡这个名字应该是他称王之后的名字，因为这个名字的阿卡德语含义是“真正的王”，这似乎不是一个以流动生活为主要生活方式的民族使用的名字。其次，后世保存的萨尔贡身世故事也颇具有传奇色彩，而且他的传奇故事也进入后世两河流域地区学校的教材。考古学者在尼尼微发现一块习题泥板，泥板的一半是学生的算术习题，另外一半就是这则故事，故事写道：

萨尔贡，圣王，阿卡德王，就是我。
我母亲是一名恩图（高级神职人员），我父不详
我的叔伯（们）住在山中。
我的家乡Azupiranu城，位于幼发拉底河岸边。
我母，恩图，怀了我，秘密生下我。
她把我放在一个草篮里，用沥青封“口”。
她将我放到河里，河水没有淹没我。
河水托着我，将我带给阿奇，一个汲水的人。
阿奇，汲水人，捞起我，就像拎他的水壶一样。
阿奇，汲水人，收养我，抚养我长大。
阿奇，汲水人，让我成为他的花匠。
做花匠时，伊斯塔（阿卡德性与战争女神）爱上了我。
我行使王权达56年。

萨尔贡像

年轻的萨尔贡后来进入基什王乌尔·扎巴巴的宫廷，步步高升至王宫斟酒人。历尽磨难，萨尔贡最终称王、建城，并统治了“世界”。统治“世界”的最后一役对阵的是乌鲁克的卢伽尔扎泽西。卢伽尔扎泽西是乌玛统治者，研究表明他应当是古代美索不达米亚历史上第一个尝试打破城邦制度，建立统一国家的人。他先后将美索不达米亚南部几个重要城邦，即乌尔、拉伽什、尼普尔和乌鲁克纳入自己的统治，建都乌鲁克。根据《苏美尔王表》记载，他的统治持续了25年（或34年），但是他的统治因为萨尔贡的崛起而终止。在与卢伽尔扎泽西的战争中，萨尔贡取胜，建立了统一国家，之后，萨尔贡进行了内政改革。

为何说他与嬴政类似？首先，二人均终止了群雄争霸的局面，统一曾经分裂的广阔领土。秦王嬴政统一六国，萨尔贡则统一了数个前苏美尔城邦。萨尔贡创建的国家远远超越全部苏美尔城邦国家的地理范围，它第一次统一了两河流域冲积平原南北地区。之后，阿卡德人继续扩张，萨尔贡曾说：“我在上海（地中海）和下海（波斯湾）洗剑。”可见其领土范围已经相当广阔。

其次，嬴政统一六国后，称始皇帝，开创了中国古代皇帝统治的先河，萨尔贡则自称“苏美尔和阿卡德之王”，抛弃了城邦统治者惯用的恩西称号。他还将这个称号降为以原城邦建制为雏形建立的新的行政区划的行政长官的称号。这些新的行政区划制度与秦始皇创建的郡县制有某些相似之处。官员都由中央派遣任命，各地官员直接对君主负责，中央和地方因此建立有效的管理体制。只是二者的专制集权都在各自王朝统治的末期成为祸端爆发的根源。车同轨、书同文是秦始皇统一国家管理的举措之一，萨尔贡也同样统一文字和语言。

神　像

最后，两个王朝的灭亡故事也有相似之处。萨尔贡在位56年，基本确立了专制国家的雏形，这也为其波澜壮阔的一生画上了圆满的句号。后世在提及萨尔贡时首先想到他的出身传奇，想到他攻城拔寨的赫赫战功，想到他远征安纳托利亚的不世功勋。后世占卜卜辞中留下了“萨尔贡之兆”的千古谜团，是吉是凶，是善是恶，留待后人评说。1000多年后，敬仰他的亚述君王以他的名字命名，称二世，并假托他的名字编撰了《萨尔贡地形学》一书。

第六节　拉伽什国家统治者古迪亚

阿卡德王朝灭亡后，古代两河流域地区再一次进入分裂时期，城邦统治重新成为主要的统治形式。来自山区的古提人控制了原来阿卡德国家的一部分领土；在原来苏美尔城邦的核心区域，苏美尔人仍然控制着部分城市及其周围地区，以乌鲁克城邦和拉伽什城邦为主要代表。但是，这个时期的城邦与苏美尔时期的城邦已有很大差别。无论是拉伽什城邦复兴苏美尔文化的政策，还是乌鲁克城邦的军事统治，都明显地表现出阿卡德时期形成的专制特点。在拉伽什统治者古迪亚的雕塑和乌鲁克王乌图海伽尔的文献中，二者都极端强调个人权力和权威，宣扬其拥有至高无上的政治、经济、宗教、军事地位。

古迪亚是阿卡德王国灭亡后至乌尔第三王朝建立前拉伽什国家的统治者，也是拉伽什第二王朝最著名的一位统治者。我们对于古迪亚及拉伽什第二王朝的统治所知甚少，目前仅知他继承岳父乌尔巴巴（鲍）〔Ur-Baba（Bau）〕的恩西位，在位约11年，统治时间在公元前2100年左右，其中部分统治时间可能与乌尔第三王朝的创建者乌尔纳玛的在位时间重合。目前我们所掌握的古迪亚统治时期的活动主要集中在神庙建筑活动中。据统计，古迪亚在位期间主持修建和修缮的神庙在22座以上。他在位期间的一切活动也都与此有关，比如文献记载他在位期间曾经发动一次针对伊朗地区安珊和埃兰的战役，目标是夺取修建神庙所需的建筑材料。

第七节　乌鲁克王乌图海伽尔

乌鲁克王乌图海伽尔（Utu-Khegal）（约公元前2119年—公元前2113年在位）在《苏美尔王表》中被称作乌鲁克第五王朝的统治者，也是该王朝唯一的统治者。乌图海伽尔在位7年，与古迪亚相比，他的事迹更加为后世所称道，因为他是驱逐古提人的功臣。有关乌图海伽尔的长篇史诗详细描述了他驱逐古提人的经过。在开篇，苏美尔人控诉“古提人是咬人的山蛇，是众神的敌人，是将苏美尔王权转移至山区，让苏美尔地区充满罪恶之人”，他们劫人妻女，在当地犯下累累罪行。乌图海伽尔临危受命，率领苏美尔人克服重重困难，在诸神的帮助下，光复苏美尔王权。驱逐古提人只是乌图海伽尔军事扩张活动的第一步，之后，乌图海伽尔开始在苏美尔地区建立霸权，他至少控制了乌鲁克、拉伽什和乌尔三个曾经十分重要的苏美尔城市。因为在数部文献中，他声称恢复拉伽什城邦的边界。他控制乌尔的证据来自后来乌尔第三王朝的创建者乌尔纳玛，因为乌尔纳玛是乌图海伽尔派驻乌尔的军官。乌图海伽尔的王权统治观念也具有代表性。首先，他进一步确认了尼普尔城市神恩利尔的王权神地位，苏美尔国王必须得到恩利尔神的认可才具有合法地位。其次，他在阿卡德王纳拉姆辛和古提王之后，为自己冠以“四方之王”的称号。他的王权观念也被乌尔第三王朝国王继承，成为苏美尔王权观念的重要组成部分。

第八节　乌尔第三王朝统治者舒尔吉

乌尔第三王朝的第二任统治者是乌尔纳玛之子舒尔吉，在其统治时期，乌尔第三王朝的统治得以巩固。舒尔吉继续执行其父倡导的征服政策和稳定国内局势的措施，同时推行新政。

舒尔吉即位后首先致力于改善臣民生活，稳定国内局势。与父亲相同，他首先修建道路和驿站，恢复交通，保证贸易和交流活动顺畅。舒尔吉强调这些道路将惠及全体臣民，无论“富贵者，还是贫贱者”。

古提人的统治几乎完全破坏了阿卡德国家所创立的王国体制。舒尔吉即位后即着手恢复国内政治制度。他采纳阿卡德王的措施，统一度量衡、文字、历法、行政文书书写格式、行政管理规范等。他改革官僚制度，继续任命前苏美尔城邦统治者后代担任地方官员，并继续沿用恩西的称号，但是与阿卡德王国的政策不同，舒尔吉剥夺了这些恩西的军事权力。同时，为了避免地方官员相互勾结，称霸一方，他实行地方官员轮换制，进一步削弱恩西的传统特权。为了提高官僚机构的执政能力，舒尔吉下令建立书吏学校，进行统一的文件书写和行政管理能力训练，后备人才培养制度因此建立，档案管理和财务管理制度也得以统一。从城邦时期开始，神庙就在宗教生活和经济领域中发挥着极其重要的作用，为了削弱神庙权力，也为了进一步提高国王的统治权威，舒尔吉自封为神，并追封乌尔纳玛为神。神王在全国各地大兴土木，修建国王神庙，接受各地臣民供奉，也建立了相应的神庙官员体系，国王对于国家经济的控制能力进一步加强。

在巩固已征服地区统治的基础上，舒尔吉继续对外扩张。从在位第24年开始，舒尔吉先后数次发动战争，历经数年。公元前2051年，他在北方亚述地区的战争以胜利告终。之后，又经过20年战争，先后征服胡里人、苏巴尔图人，将这些民族与亚述人并入一个行省统治。他还对阿摩利人发动战争。在舒尔吉统治期间，东方伊朗地区的埃兰人再次成为边境大患。舒尔吉先用自己的女儿与埃兰的统治者联姻，待国内局势稳定后，他迅速出兵占领苏撒，并任命苏美尔人担任长官。约公元前2055年，舒尔吉西征巴勒斯坦地区。

乌尔第三王朝的领土面积空前广大，舒尔吉分别在京畿区、边境区及附属国设立三级管理机构进行有效统治。舒尔吉时期进行税收制度改革，建立两种税收体系：一种针对京畿核心区和边境区，一种针对边境区和附属国。此外，附属国还必须向中央政府纳贡。针对京畿核心区的税收制度称为巴拉制度，其核心是建立在核心地区的再分配中心，它们收缴各省上缴的赋税，再负责向下发放。

通过三级管理体制及税收制度，乌尔第三王朝的社会等级结构体系日益完善。舒尔吉下令编纂法典，规范国家的社会等级结构。这部法典以乌尔第三王朝创立者的名字命名。《乌尔纳玛法典》用法律的形式将已经存在了一千多年的社会等级明确记录下来并加以界定。该法典明确了苏美尔社会阶层：自由人、古鲁斯和奴隶。这样的社会等级划分相较于乌鲁卡基那时代已经细致得多，后世法典中关于社会等级和阶层的划分则更加详细，伊新第一王朝（约公元前2017年—公元前1794年）的《李皮特伊斯塔法典》中增加了依附民阶层，将更多人置于司法体系之下。古巴比伦时期的《汉谟拉比法典》中，自由人、依附民和奴隶的社会等级划分已经完全固定。

法典是一种宣传手段，《乌尔纳玛法典》前言中有这样一段话：

我必不会把孤儿托付给富人，我必不会把寡妇托付给富人，我必不会把“一舍克勒之人”托付给“一米那之人”，我必不会把“一头羊之人”托付给“一头牛之人”……敌对、暴力（以及）向乌图（太阳神、正义之神）吟诵的哀歌，我都必将之消灭。我在苏美尔建立公正秩序。

这是两河流域王权观念中最为重要的内容：王是保护人民、维护公平正义的人。类似的描述早在早王朝晚期乌鲁卡基纳改革诏书中就已经有所表述，在之后古巴比伦王朝的《汉谟拉比法典》中进一步表述为“使强不凌弱”，与中国古籍中“亲民”的表述有异曲同工之处。

舒尔吉强调个人权威，他利用各种方式表现他是聪明睿智、博学多才、体恤人民、英勇神武的君主。国王必须是孔武有力的武士，可率部征战四方，可使用各种武器上阵杀敌，也可只身面对狮子等猛兽；国王还应该是虔诚仁慈的君主，他应该承担维修神庙、保证国家昌盛、维护正义、保护弱者的责任。在他所创立的王室赞美诗体裁中，他用赞美诗这样描述自己的仁慈：

我（即舒尔吉）拓宽狭窄的道路，修建笔直的国道，
我保卫旅行安全，建造“大屋”，
在路边种植花草，建立休憩之地，
安置良民，

（因此，）出身贫贱者、出身富贵者，
都将在阴凉处乘凉，
赶夜路的人，
将在设施完善的城里过夜。

他是古代两河流域历史上少有的声称自己识字的君主，他号称可以用5种语言（这5种语言可能是阿卡德语、苏美尔语、阿摩利语、埃兰语和古提语）宣读自己签发的诏令，他还掌握极其艰深的占卜知识，他还通晓音乐，他创作的作品广泛流传，甚至传到“外国土地……那里没有人知道苏美尔人，那里的人没有铺石的道路，没有文字”。他这样描述自己的教育经历：

年轻时，我在泥板居（即学校）里从苏美尔和阿卡德泥板中学习书记技能，
在贵族中间，没有人像我一样可以在泥板上书写，
在人们学习书记技能的地方，
加减、算术和统计——我完成了全部（课程），
公正的妮萨芭（Nisaba）神（书记技能之保护神），
慷慨地赋予我智慧和技能。

舒尔吉还精通音乐。他通晓所有赞美诗及其旋律；他拥有纯净、优美的嗓音；他可以吹拉弹奏所有乐器（包括古乐器）；他创作的音乐非常欢快，让他的附庸及诸神都乐在其中。王敬畏众神，懂得如何让他们宁静，并代表附庸向他们献辞。在这些方面，他无与伦比。王具有优良品德和品质，因此他的附庸们尊敬他，后代子孙也敬重他。

舒尔吉统治时期，乌尔第三王朝达到鼎盛，他创造了一个空前强大的王国，四方来服。来自各地的产品充盈于普茨瑞什达干库房中。在他的后宫中，来自各地的王妃争宠斗艳。

乌尔第三王朝的对外关系，与中国古代一样，征服和和亲是处理边境纠

纷和国家关系问题的主要手段。乌尔纳玛和舒尔吉等发动多次战争扩张领土，巩固边境统治。为了巩固统治、加强盟友关系，和亲和联姻成为主要手段，乌尔国王的公主主要嫁给东部和东北部各个属国的统治者，以加强其依附关系。与邻国王室联姻也是巩固国家间友好关系的手段，乌尔纳玛的一个儿子迎娶了马瑞王之女。和亲或者联姻的婚礼队伍浩浩荡荡，公主丰厚的嫁妆绵延数千米，仪仗车舆富丽堂皇，充分展示国力的强盛。

舒尔吉在位48年，在其晚年，他发动了数次针对西北方部分城市的战争。他是否死于战争我们不得而知，但是文献记载他的两位嫔妃与他一起死亡，这个不同寻常的事实说明他们可能死于战争或暗杀，可能预示着乌尔第三王朝统治出现重大危机。当然也存在另外一个可能性，舒尔吉得享天年，在离世后由两位嫔妃陪葬。由于古代两河流域文献中并未发现存在嫔妃陪葬习俗的记录，因此这个可能性微乎其微。另外，从舒尔吉后代的短暂统治中，我们也可以窥见乌尔第三王朝迅速走向衰落的事实。

中篇　古代巴比伦文明

巴比伦文明以古代两河流域历史上最著名的城市巴比伦命名。关于“巴比伦”这个词的含义，有多种解释，其中“神之门”的解释被普遍接受。自从古巴比伦著名的国王汉谟拉比的祖先选择巴比伦城作为统治中心，汉谟拉比和他的前辈们以此为中心建立了一个强大的王国之后，巴比伦城的地位节节升高，很快超越了之前的政治中心乌鲁克、阿卡德、乌尔，以及宗教中心尼普尔，成为“世界”的中心，成为两河流域国家的政治、经济、文化和宗教中心。之后，巴比伦城所在的两河流域平原南部地区被称作巴比伦尼亚。巴比伦尼亚所有的居民都自认为是巴比伦人，巴比伦城是他们的精神家园。也因此，立志于称霸世界的统治者也尊巴比伦为权力的中心，以获得巴比伦城的控制权为登上权力巅峰的标志。历史上，以巴比伦城为首都的国家大约有10个，王表和编年史文献中依次称之为巴比伦第一至第十王朝，其中最为著名的王朝是巴比伦第一王朝、中巴比伦王朝以及新巴比伦王朝，另外伊新第二王朝曾经偶尔崭露峥嵘。

关于巴比伦文明，这里首先要澄清几个概念。第一，我们所熟知的古巴比伦文明实际上是古代两河流域文明的代名词，它是指古代两河流域地区从文明起源开始至被阿契美尼德波斯帝国统治时期的文明；第二，这个古巴比伦文明的命名主要依据文献记录，特别是《旧约圣经》和古希腊、古罗马作家的描述，他们心目中辉煌的巴比伦文明主要是新巴比伦文明，也就是巴比伦文明发展的最后一个阶段，因此，这个意义上的古巴比伦文明不等于本书中所描述的古巴比伦时期的文明；第三，巴比伦文明并不是一个独立的文明概念，它是古代两河流域文明的一个组成部分，它的起源、发生和发展的过程与古代两河流域地区苏美尔文明、亚述文明的发展交织在一起，不可分割。

第四章 巴比伦人与巴比伦文明

我们首先探讨巴比伦人的构成。巴比伦人是一个泛称，在各个历史发展阶段，其内涵有所不同。巴比伦尼亚先后产生和存在过多个王朝，分别被称为第一至第十王朝，其中三个主要王国的建立者分别是阿摩利人、加喜特人和迦勒底人，此外还有海国人建立的两个王朝以及伊新第二王朝等。

第一节 巴比伦人

最早的巴比伦人是从各地迁徙至两河流域平原南部的塞姆人的一部分，称阿摩利人。阿摩利人从乌尔第三王朝中期开始陆续出现在叙利亚幼发拉底河中游地区。他们不断骚扰乌尔第三王朝的北部边境，该王朝舒辛王统治时（约公元前2034年）曾经修建长城抵御阿摩利人的侵扰。苏美尔人对他们的描述是“野蛮人”“一无所知”“居无定所”“以帐篷为家”等。他们先后在叙利亚、两河流域平原北部和底格里斯河中游建立了马瑞城邦、伊新第一王朝、拉尔萨城邦、巴比伦第一王朝、埃什努那王朝以及阿舒尔城邦和古亚述国家等。国家建立后，他们几乎无一例外地吸收了当地的政治统治形式、文明和文化特色，抛弃自身的语言，将自身的宗教信仰融入当地宗教体系之中。因此，在约

公元前1900年—公元前1800年，阿摩利人各国表现出不同的文化特征。

建立伊新王朝的阿摩利人接受了传统的苏美尔文化，以复兴和保存苏美尔文化为己任，成为苏美尔人中的一部分。在拉尔萨、巴比伦、埃什努纳、阿舒尔等地建立王朝的阿摩利人则对苏美尔人的一些观念作出改变，更加强调君主的集权特征，法律措施更加严厉。

当巴比伦的汉谟拉比将巴比伦王朝的影响扩展到整个两河流域平原之后，阿摩利人这个称谓逐渐消失，取而代之的则是一个新的称谓——巴比伦人。此后，巴比伦逐渐发展成为一种语言、一个地区、一个文明、一个民族的称谓，在以后的两千年间主导了两河流域平原的历史。

新兴的古巴比伦国家的主要居民包括原来苏美尔和阿卡德地区的居民以及新王朝的统治者阿摩利人，他们合称为古巴比伦人。被征服地区的居民中，在各地建立阿摩利人王朝的、接受了两河流域平原文化的、生活在城市中的、定居的阿摩利人都被承认为巴比伦人；对于那些仍然保持游牧生活的阿摩利人，古巴比伦文献中仍称他们为马尔图人，即西方人，这实际上是野蛮人的代名词。游牧的阿摩利人除在生活方式上与古巴比伦人不同外，还在语言文字、宗教习俗等方面与古巴比伦人有巨大差别。游牧的阿摩利人没有文字，因此也无法判断他们的语言。游牧民信奉的牧神达干与古巴比伦人信奉的苏美尔诸神和马杜克神也有所不同。以游牧生活为主要生活方式的阿摩利人在两河流域地区存在了很长时间。直到在公元前1000年左右，希伯来人建立国家的时候，阿摩利人仍然是叙利亚的主要民族之一。

古巴比伦王朝在周围游牧民族的不断侵扰和来自安纳托利亚地区的赫梯人的进攻下灭亡，巴比伦尼亚进入短暂的政治空巢期。不久，加喜特人建立以巴比伦城为统治中心的新王朝，即中巴比伦王朝，又称加喜特王朝。

加喜特人自称嘎尔祖，阿卡德语拼写为卡苏，其来源不明。一般认为，扎格罗斯山区可能是加喜特人的发源之地。古巴比伦时期，加喜特人已经在巴比伦尼亚生活。他们在农忙时打短工，参加公共设施建设，服兵役，有些人设地置产，已经被古巴比伦人同化。

加喜特人作为新王朝的统治者，创建了古代两河流域历史上统治时间最长的王朝。与阿摩利人相同，作为两河流域平原的外来者，他们接受了传统的两河流域文化，接受了传统的王权观念。他们从宗教和王权上巩固了自己在巴比伦尼亚的统治，并进一步与古巴比伦人融合。他们还将对巴比伦神马杜克与加喜特神舒卡穆那的崇拜传统合并，加喜特人开始加入巴比伦民族集团。入主巴比伦尼亚之后，在加喜特社会上层贵族中，出现了巴比伦化现象。在王室中，巴比伦人的姓名随处可见；多数王室侍从和官员的姓名也已经具有明显的巴比伦特色。

加喜特王朝在经历400多年的漫长统治后灭亡，从加喜特王朝统治中后期开始，巴比伦尼亚长期处在亚述人的控制下。一些自称巴比伦人王国的小王朝也先后建立，不断冲击着亚述人对巴比伦尼亚的统治。其中必须提到的是伊新第二王朝的王尼布贾尼撒一世。虽然他的王朝几乎从未以巴比伦城为首都，他的统治也从未向北延伸，但他以巴比伦文明的继承者自居，恢复和保存巴比伦传统，从而被后世巴比伦人称为巴比伦人的典范。

在巴比伦尼亚统治的后期，在两河流域冲积平原南部的沼泽和湖泊中，迦勒底人各个部落开始兴起，逐渐控制了巴比伦尼亚大部。迦勒底，亚述人称卡尔杜，巴比伦人称卡斯杜，希伯来人称卡斯迪。迦勒底一词来自希腊语，意思是“占星家、巫师”。迦勒底人最早出现在公元前9世纪亚述王沙尔玛那塞尔三世的年鉴里。他们的社会组织形式是部落，每个迦勒底人家族都有一个塞义赫领袖，当时自称“王”。亚述文献称在两河流域平原南部众多的迦勒底人部落中有三个强大部落，它们控制的诸城市为“王城”，这三个部落是控制巴比伦城以南地区的杜库瑞、控制幼发拉底河下游乌鲁克以北地区的阿穆卡和控制着乌尔周边地区以及东部沼泽地区的亚金，这个地区古称海国。

迦勒底人并非贫穷的游牧民。根据亚述浮雕的描述，他们生活在富产椰枣树的地区，其他证据也显示他们中的有些人甚至已经在城市定居。迦勒底人大量放牧马和牛，而且即使他们自己不是商人，也控制了南方的奢侈品通道，运输乌木、象牙、印度木材、象皮和黄金。

迦勒底人使用的语言是巴比伦语。在信件和历史记录中出现的人名都是纯粹的巴比伦人姓名。有一些名字可能属于阿拉米人，有学者认为他们是阿拉米人大迁移浪潮的先驱。因为他们在南部的沼泽中定居，因而被认为是一个特殊的民族集团，但这个结论并没有得到证实。楔形文字文献对两个民族作了明确的区分。除名称不同外，他们的分布状态也不同：阿拉米人不只生活在两河流域平原南部农村地区，还分布在叙利亚地区并跨越约旦山脉；迦勒底人的活动范围从一开始就局限在巴比伦尼亚南部，并在那里获得统治地位。虽然后来迦勒底人接受阿拉米语为通用语言，但这不说明任何问题，因为同样的状况在巴勒斯坦和两河流域平原多数民族中都出现过。迦勒底人在社会组织上与阿拉米人差别很大：虽然迦勒底人保留了部落结构，维持强烈的忠诚于部落的信念，但是他们的生活方式已经被巴比伦文化同化，阿拉米人的部落传统则更加深厚。

新巴比伦时期，阿拉米人开始发挥重要作用。阿拉米人是西塞姆民族，它同样由多个部族组成。这些部族唯一的相同之处在于共同使用阿拉米语。公元前12世纪开始，叙利亚和两河流域平原北部的阿拉米人成为亚述国家统治的心腹之患。青铜时代晚期，阿拉米人建立的小国在叙利亚地区林立。它们往往以一个城市为中心，有些是一个家族建立的国家。居住在巴比伦尼亚的阿拉米人的生活则相对封闭和隔绝，他们属于不同部族，以村落、氏族或部落的组织形式从事农业生产生活，与城市居民并无过多往来。他们的地方首领称那西库，可能是部落首领。当时在这个地区生活的、有记录的阿拉米人部落有40多个，他们控制的范围很小，主要在南方，靠近埃兰边界的底格里斯河以东地区。在伊新第二王朝统治末期，越来越多的阿拉米人渗透到巴比伦尼亚，尼布贾尼撒一世曾经在马瑞及其以西地区与阿拉米人交战。阿拉米人对巴比伦尼亚的安全构成严重威胁，导致巴比伦城的新年庆典连续9年无法正常进行，甚至连距离巴比伦城较近的博尔西帕城都无法把城市神那布的神像运送到巴比伦城参加庆典。

古巴比伦人、中巴比伦人、新巴比伦人，这是后人给予政治上一脉相承的三个主要的巴比伦王朝的居民的称呼。他们是巴比伦历史和文化的创造者、传承者和传播者，尽管他们的来源不同、出身不同，但是他们在到达两河流域平原之后不约而同地接受了平原的本土文化，承认平原祖先的历史。这些都明确地反映在的《巴比伦年代记》等传世文献中。

第二节 巴比伦文明

巴比伦文化作为两河流域文明中的一个主要成员，同样承担着继承、发扬、传承、发展古代两河流域文明的使命。

早期阿摩利人以外来民族的身份进入两河流域平原地区，他们曾经有自己的语言和宗教信仰，在入主两河流域平原南部后，这些文化几乎荡然无存。他们几乎全盘接受了占领地区的政治体制和宗教文化，也就是苏美尔文化的主要要素。除以苏美尔文明的继承人和传承者身份自居的伊新第一王朝外，拉尔萨、巴比伦、埃什努纳、阿舒尔等阿摩利人王朝的统治者同样尊奉苏美尔文化。

阿摩利人几乎完全继承了苏美尔宗教，他们只是把马杜克神崇拜引进苏美尔宗教，使之逐渐凌驾于众神之上。苏美尔人最重要的三个神，即阿努、恩利尔和恩基，也是拉尔萨人崇拜的重要神祇。拉尔萨王瑞姆辛第30年的年号含义为："携阿努、恩利尔和恩基赐予的武器，称职的牧人瑞姆辛征服了王城伊新及其所有居民，居民保持着他们日常的生活，永远张扬其盛名。"这里，称职的牧人也延续了苏美尔人的君主称号传统。另外，《汉谟拉比法典》《埃什努纳法典》等早期阿摩利人政治文献中所表现出的君主理念与苏美尔时期的相同，即视自己为保护弱者、维护正义之人。需要说明的是，他们与苏美尔人一样不相信死后世界的生活，因此他们对于死后的世界没有更多的关注。与之形成强烈对比的是来自伊朗高原西南部的埃兰人对待苏美尔神祇的态度，《尼普尔哀歌》中记载了伊新王伊什麦达干（公元前1953年—公元前1935年在位）请求恩利尔神允许重建被埃兰人摧毁的神庙。这证明埃兰人对苏美尔文化的态度是敌对的，阿摩利人对苏美尔文化则是充分的认同，这也许是阿摩利人得到两河流域平原原有居民承认的原因吧。

古巴比伦时期，大批苏美尔文献被抄录、保存、整理、集合。今天，我们了解和认识苏美尔社会的主要资料来源于古巴比伦时期抄录的这部分文献。其中最著名的是《吉尔伽美什史诗》，巴比伦人将其从民间传说故事转变为国

家文化传承和教育活动中的正典，使其登上大雅之堂，成为王宫图书馆中的珍藏品。

当然，古巴比伦时期的阿摩利人也并非全盘接受苏美尔文化。这首先表现在政治体制上，伊新拉尔萨时期的阿摩利人建立的国家大多以某个城市为中心，在政体形式上类似于城邦制，但是其政治统治则强调集权性。他们的君主被认为是神子，职责也与苏美尔君主有所不同。他们的税收体制和兵役体制也具有强制性。随着领土征服与争霸活动日益激烈，苏美尔人城邦的独立和自治观念被消灭了，取而代之的是中央控制各个城市，进而组成一个跨越广阔疆域的“庞然大物”。其次表现在法律实践中，为了巩固统治，新的司法体系确立，法律实践更加严格。出现了针对国家的犯罪处罚，死刑所针对的对象和行为更加广泛，甚至在酒馆行为不当都可被处以死刑。法律传统的变化明确地反映在《李皮特伊斯塔法典》《汉谟拉比法典》和《埃什努纳法典》中。第一部法典是伊新第一王朝国王颁布的具有苏美尔时期法律特征的法典，第二部、第三部法典则具有典型的塞姆民族习惯法特征，最明显的标志是众所周知的血亲复仇原则，以牙还牙、以血还血。这与苏美尔人法律中所强调的以货币补偿人身、物品损失的理念有极大差别，成为阿卡德语系法律的突出特点。最后，在吸收和接受苏美尔文化的过程中，阿摩利人也努力创造着属于自身的文化特色，巴比伦城的保护神马杜克的地位在逐渐上升，已经开始超越城市神的地位，成为主神崇拜中的一个重要角色，巴比伦城也俨然有取代尼普尔成为圣城的迹象。

中巴比伦人继续改进和扩展巴比伦文化，在艺术、文学、宗教等领域创造出辉煌成就。在艺术上，大约在公元前15世纪末，加喜特人创造出一种独特的建筑装饰和雕塑艺术，进一步丰富了巴比伦文化的内涵。在新都库里嘎尔祖要塞郊外，库里嘎尔祖二世修建的塔庙完全采用传统的苏美尔多级塔庙的建筑风格，是两河流域艺术的延续和经典之作；其山水相连的外墙装饰风格则表现出中巴比伦人的巧思。在文学领域，中巴比伦人发掘整理了一批古老文献，也创作出新的文献类型。巴比伦在这个时期完成。虽然目前我们所能看到的仍然是后世抄写的版本，但各种证据仍然说明中巴比伦人是这部经典神话的编纂者。在宗教方面，最早在加喜特王朝统治时期，马杜克作为巴比伦人主神民族的地位得以确立，巴比伦城的圣城地位也得到认可，苏美尔文明的痕迹越来越被愈加鲜明的巴比伦文明特色掩盖。加喜特人保留的自身的宗教习俗和他们所创造的文学、艺术形式和宗教习惯也被后世巴比伦人所承认。

新巴比伦人同样以继承和发扬巴比伦文明为己任，尼布贾尼撒二世所重建的巴比伦城集政治、经济、文化、宗教中心为一体，尼布贾尼撒二世尊奉之前的巴比伦王尼布贾尼撒一世为祖先，竭力恢复和复兴巴比伦文化。他被希腊人称为“天文学家”，这个时期，巴比伦文化发展达到鼎盛。波斯帝国入主两河流域地区后，对巴比伦文化保留和继承颇多，甚至到马其顿的亚历山大大帝时期，他的部队到达巴比伦城时仍对巴比伦文化赞不绝口。希罗多德在其著作《历史》中描述的巴比伦宗教习俗也多是这个时期保存下来的。巴比伦的希腊人贝若索斯在公元前3世纪撰写的《巴比伦尼亚志》也着重描述了这个时期的巴比伦文明。新巴比伦时期既是巴比伦文化开始衰落的时期，也是其发展的鼎盛期。

如果说苏美尔人是两河流域政治文明的创造者，巴比伦人则堪称其奠定者和巩固者。古巴比伦人延续并发展了乌尔第三王朝时期基本确立的中央集权的专制国家模式，在官僚体系、军事体制、法律制度、社会等级制度等国家管理的各个层次进行完善和充实。古巴比伦时期的国家管理文化基本固定了下来，在中巴比伦王朝和新巴比伦王朝继续沿用。

古巴比伦王并未承袭乌尔第三王朝诸王神化的传统，但仍然坚持王的身份和能力以及权力由大神赐予的文化传统。《汉谟拉比法典》开宗明义地宣称王是神之子，是由神选择的人间的统治者，他在神确定的中心——巴比伦城行使权力。在行政上，他有任免官员、处理行政事务、监察臣属的权力；在军事上，他受命于神组建军队、率军出征、开疆拓土；在司法上，王颁布法典，宣扬扶贫济弱的宗旨。

古巴比伦时期的国家机器更加庞大和完备。在其官僚体系中，从中央到地方建立了各级官僚队伍。在中央有宫廷官员和政府官员，宫廷官员与政府官员不交叉，有了内廷与外府的职责差别，这与城邦时期流传下来的传统相比有

了明显进步。内廷官员主要负责王宫内的管理事务，极少牵涉王宫以外的政治、经济、军事、宗教等国家事务。政府官员负责处理日常政务，其中有直接协助王处理政务的官员，相当于中国古代的相。在他之下，有政务性官员，包括地方各级行政长官；有事务性官员，处理农、牧、狩、手工业等经济事务；有军事性官员，包括参与军事战争的官员、维持地方治安和保卫的各级武官；有宗教文化性官员，包括占卜者、书吏、祭司等。

在一个庞大的官僚体系中，明确的上下级关系是保证政令畅通、国家稳定的重要环节。古巴比伦时期，地方村镇中的官员只对上级长官负责，无权直接向王或相报告。文书档案管理体制在古巴比伦时期更加完备严密。在古巴比伦王宫和神庙档案库里，不仅收藏着政令、经济、商业、宗教等方面的文书档案，古巴比伦王还下令收集整理了大量民间流传的苏美尔文献，包括文学、历史、宗教、科学等领域的文献。

军队是维持专制国家统治的重要保障，古巴比伦时期已经有常备军存在，他们主要驻守在王宫、首都和边境地区。军队的兵种除普通步兵外，还有重装步兵、战车兵等。通过赋税制度的约束和支持，男性平民成为国家战时军队兵源的主要组成部分。赋税制度是古巴比伦中央集权体制中的核心，包括兵役和劳役。达到一定年龄的男性平民从国家获得一块土地，作为份地，附着在土地上的是一定期限的兵役和劳役，土地上的平民及其家庭依靠土地的收成维持生活，这些平民在战时充当士兵，在平时参加国家公共工程的建设和维护，主要是灌溉，以及修建王宫、神庙和城墙等项目。在军队中，这些义务兵构成了军队的主体。除此之外，还有雇佣兵，他们主要来自边疆地区及境外的游牧民族，比如阿摩利人、加喜特人、胡里安人、埃兰人等，他们应该是职业军人，以在军队中获得的报酬维持生计。

法律是国家强制权力的标志，《汉谟拉比法典》是古代两河流域地区迄今为止所发现的篇幅最长的文献之一，也是迄今为止最古老的完备的成文法典。它由汉谟拉比王颁布，法典篆刻在石碑上、泥板上，主要目的是宣扬王室权威，其宣传意义大于司法作用。最著名的《汉谟拉比法典》石碑于20世纪初在今伊朗苏撒遗址被发现，现藏于法国巴黎卢浮宫博物馆。法典全文刻写在一块高大的黑色玄武岩碑上，石碑高175厘米，分上下两部分：上部为汉谟拉比王从太阳神沙马什手中接过象征权力的权杖石刻；下部为法典正文，包括前言、正文和后记。法典正文共282条，其中既包括刑法、民法、婚姻法等司法内容，也有关于商业合同、卫生、物价、租赁等方面的规定，覆盖社会生活的方方面面。其中规定的社会等级差别、赋税义务、同态复仇原则等具有古代社会的典型特征。除法典外，中央政府还通过饬令等方式规范国家的司法权力。

古巴比伦社会划分为自由人（阿维鲁）、依附民或半自由人（穆什钦努）以及奴隶（瓦尔杜）3个等级。其中自由人中还有贵族与平民的等级差别。各等级在政治权利、财产权利、义务等方面存在很大差别。古巴比伦社会等级体系十分严密。世袭官僚制度、土地买卖制度、婚姻财产制度等都保证了等级的封闭性。

由于文献资料和考古证据的局限，我们对于中巴比伦时期的国家管理知之甚少。基本可以确定，加喜特人到达两河流域平原南部，建立专制王国统治后，几乎全盘接受了古巴比伦的国家管理体制，这表现在以下几个方面：第一，加喜特人在入主两河流域南部冲积平原后经历过巴比伦化过程，人名命名具有明显的巴比伦特征，接受巴比伦神祇崇拜，以巴比伦为首都等；第二，加喜特统治者大兴土木，修复和重建了众多传统的苏美尔和巴比伦城市，修复传统建筑，特别是神庙，必然也随之重建城市和神庙的管理体制；第三，重新打通多条对外贸易路线，当然也包含着恢复贸易管理体系的内容。

新巴比伦时期的国家管理体制延续中央集权的专制王国模式，国王的王权观念及职责与苏美尔和巴比伦时期并没有很大差别：他们仍然需要虔诚供奉神祇，需要定期修建或修缮众神的城市和神庙，需要发动对外战争扩张领土，需要牧养全体臣民，等等。在实践层面，新巴比伦统治者吸收了亚述帝国的行省管理体制，进一步明确了中央与地方的关系；确立了特权城市制度，授予该城市居民免除徭役的特权。新巴比伦时期的国家管理体制已经开始具备帝国的管理特征，以适应国家领土日益扩大，民族成分日益复杂，人口日益增多的需要。

除国家管理体制不断进步外，巴比伦文化对于两河流域文明的另外一

个重大贡献是确立了国家主神的崇拜体系，两河流域宗教文明也开始走向制度化。

苏美尔人统治时期，两河流域居民信奉多神，各个城市的居民供奉各自城市的保护神，同时崇拜各自的家族神、个人保护神等。尽管已经出现恩利尔、安努、伊斯塔、恩基等重要神祇的崇拜观念，这些神祇也均拥有自然属性之外的其他社会属性，比如王权神、战争神、书写神、智慧神等，但是没有哪一位神祇能够超越众神，拥有睥睨天下的气势。

巴比伦人统治时期，为了顺应统治广阔领土的需要，适应对不断增加的人口数量、不断复杂的民族成分的管理需要，主神崇拜应运而生，这位主神就是巴比伦城市的保护神马杜克。

巴比伦位于幼发拉底河东岸，今巴格达以南90千米处，是公元前2000年—公元前1000年巴比伦尼亚的政治中心，是10个巴比伦王朝的首都，是波斯湾和地中海之间贸易的中间站，是巴比伦尼亚的经济中心。在古代两河流域地区的都城中，巴比伦城是规模最大、影响最深远的城市。巴比伦人视巴比伦城为最初的城和永恒之地，是巴比伦人的宗教中心和精神首都。巴比伦人称之为"一个富庶、快乐的地方，公正、自由、美丽。它是最古老的城市，由神建立，并被他们当作家乡。它是一座圣城，是生活之源、智慧之泉，是天下的宗教中心和宇宙中心，掌管节日庆典、行使王权、执行神御人之命"。

巴比伦城的建成年代不详。后世文化为了强调巴比伦城的重要地位，曾经附会巴比伦城在阿卡德王国时期就已经建立，但是这一说法疑点颇多。并且，马杜克崇拜开始的年代也不清楚。对马杜克神成为国家主神的记载见于中巴比伦时期或以后编纂完成的《创世史诗》。该文献的开始部分具有后世神话普遍拥有的迷幻特点，也具有独特的生活化的特性：

当上界，天非天；下界，地非地之时，最初的阿普苏，是（天地）的缔造者，创造者蒂阿玛特赐予他们生命，他们将自身的水（体）混合在一起，（在水上），既没有沼泽地，也没有芦苇荡。那时，没有（任何）一个神诞生，神既无名字，又无确定的命运，在他们之中，（两个）神诞生了。拉何穆、拉哈穆诞生，他们有了名字。当他们长成的时候，安萨尔、基萨尔诞生了，他们（之强壮）超过了拉何穆和拉哈穆。他们更长寿。他们的头生子阿努，像他的父辈一样，安萨尔使阿努，他的后代，同他一样。同时，阿努生了努迪穆德，他的翻版，努迪穆德成为他的父辈的主人，他聪明、睿智，极端强壮，他比他的祖父安萨尔还强壮，在他的同辈诸神中，也无人与之匹敌。所有的同辈诸神集合起来，他们吵吵嚷嚷，惊扰了蒂阿玛特，他们使蒂阿玛特心神不宁，他们的吵闹扰乱了天庭。阿普苏无法制止他们的胡闹，而蒂阿玛特缄口不言。他们的行径使她不快，他们的行为不智，不仁。这样，阿普苏，众神的缔造者，召见穆穆，他的丞相，诏曰："穆穆，我的丞相，唯（你）可宽怀我心，走吧，我们去（拜见）蒂阿玛特。"他们去了，端坐在蒂阿玛特面前，他们讨论他们后辈的事情。阿普苏张口就说，他大声地对蒂阿玛特说："我很不满意他们的行为，我日不能憩，夜不能寐，我想制止他们的行径，把他们赶出去，这样，我们可以重新安安静静地睡觉。" 蒂阿玛特听了之后，十分生气，冲着她的丈夫叫喊，她痛苦地叫喊着，她独自生着气，在她心里，邪恶的想法产生了。难道我们要毁掉我们自己创造的（东西）吗？虽然他们的行径十分可恶，但是让我们大度一些，容忍（他们）吧！穆穆，他的丞相，不赞成她的意见，穆穆（却）建议阿普苏："我的主人，摧毁他们的不仁行为，这样，您日可憩，夜成眠。"阿普苏赞成他，他的脸色转霁。他们阴谋（驱逐）他们的后辈。他拥抱着穆穆，他坐在他的膝盖上，吻着他。（他弯下腰，吻着穆穆）。他们在全体大会上计划这件事。（有人将这件事）转述给他们的后辈诸神。诸神听说后，他们绝望地走来走去，一切都静止了，他们静静地坐着，他们中最聪慧、老练的，是埃阿，他听说了全部经过，想出了对策。他制定了一个稳妥的计划，他熟练地操作着他的高超魔法。他朗诵着咒语，使它落在水中，他将水泼出，躺在上面睡熟了，他使阿普苏沉睡，穆穆，他的丞相，也昏昏欲睡，睡沉了，他松开他的纽扣，摘下他的帽子，他脱下他的衣服，穿在自己身上。他将阿普苏捆绑上，并杀死他，他将穆穆监禁起来，放逐。在阿普苏的（尸体）上，他建立自己的宫殿，他将穆穆牢牢地控制在手中。在战胜并杀死敌人后，在埃阿已经平安在住处休息后，他为他建立的圣殿之地命名为"阿

普苏”。他在其中建立自己的居室。埃阿和达姆吉娜荣耀地住在里面。在命运及法令之所在，全能的，众神的圣人，“主”诞生了，在“阿普苏”，马杜克诞生了。埃阿，他的父亲给予他生命。达姆吉娜，他的母亲，生育他。他吮吸众女神的乳汁，抚育他的侍从给予他威严的气质。

马杜克诞生前的创世纪神话在苏美尔人统治时期就陆续在民间流传。在中巴比伦的创世纪神话中，首先把巴比伦城的保护神马杜克确定为巴比伦的民族神和宇宙创始者。他在与腐朽顽固的旧势力斗争中一马当先，杀死大地之母，将其身体一分为二，即天和地，又杀死她的军师，用他的血和着泥土制造了人类。之后，战胜的神给予马杜克神50个称号，这些称号几乎囊括了之前所有神的特性和能力，使马杜克成为至高无上的、万能的神，后来在犹太人的唯一神观念中，耶和华所具有的诸多特性都有马杜克的影子。

马杜克主神崇拜必然是统治者意志的反映，必然为统治者的统治服务。这个功能充分体现在巴比伦新年庆典活动中。这项活动被称作阿基图庆典。阿基图仪式起源于苏美尔人传统，最早的关于阿基图的记录在公元前第三千纪，是庆祝新年的活动，也是庆祝农业生产开始和丰收的活动。古巴比伦时期留存的《南塞赞美诗》中描绘了这个时期新年庆典活动的主要内容， 该活动具有庆祝农业丰收、除旧布新、规范社会秩序等功能。新巴比伦时期，阿基图庆典活动已经发展成为集马杜克神崇拜、王权更新、群臣朝贺效忠、全民庆祝活动于一身的综合性的国家庆典活动，在国家政治、经济、社会生活中占据重要地位。其仪式中的各个要素，如时间、地点、活动以及作为参与者的国王、祭司集团、市民精英阶层、普通市民等，都有其具体的经济意义和社会意义，这个阶段的阿基图庆典活动已经成为维护统治、发展经济、稳定社会的主要手段。

最后，巴比伦文化中的一些基本要素也表现出传承苏美尔文化，充实两河流域文明的特征，体现在文学、科学、艺术等多个领域。

一、文　学

巴比伦文学的成就不仅体现在巴比伦人创造的新的文学类型和文学作品

中，也表现在其编辑整理的大量苏美尔时期留存下来的文献中，比如《吉尔伽美什史诗》《创世史诗》等。巴比伦文学中有一首深奥的、充满哲理的诗歌，编纂完成于中巴比伦时期，因其首句为“ludlul bēl nēmeqi”，直译过来就是“让我赞美智慧之主”，因此被命名为智慧文学。诗歌探讨了一个虔诚、优秀的人遭受不幸的原因，质疑众神提出的“正义的苦难”。与此同时，在这类文学作品中还出现了对于人类与神的关系、在混乱世界中人的地位等重大问题的探讨。

《吉尔伽美什史诗》是巴比伦人辛·莱克·乌尼尼根据民间流传的吉尔伽美什的故事编撰整理形成的一部史诗，后来成为王室图书馆中的藏书。它的地位和发展的历史类似于我国古代的《诗经》，也是收集整理民间诗歌而形成的一部著作，后来成为民族文化的经典；也可以说它是西方脍炙人口的《荷马史诗》的祖先。《吉尔伽美什史诗》的版本很多，从语言上说有苏美尔文版本、阿卡德文版本、胡利安文版本和赫梯文版本；从时间段上说，有公元前2000年、公元前1200年和公元前7世纪三个时代的版本传世。《吉尔伽美什史诗》泥板于1853年由英国考古学家莱亚德爵士和拉萨姆在尼尼微的王宫博物馆中发现，后来在其他遗址中，如尼普尔、基什和乌尔，陆续发现了记载吉尔伽美什故事的残片。史诗全部故事刻写在12块泥板上，开篇讲述了乌鲁克城的建城和吉尔伽美什的政绩，之后分别是吉尔伽美什和恩基都的友谊、两人大战森林妖怪洪巴巴、恩基都之死、吉尔伽美什寻找长生不老的秘诀、洪水和方舟的故事以及不可抗拒的命运等几个部分。吉尔伽美什的故事告诉人们，人的命运是注定的，是人力不可改变的，但我们可以从中感悟到的东西还有很多，如兄弟间的友情、夫妻间的不离不弃、人的不屈不挠的精神等。另外一篇著名的文献是《创世史诗》，它可能在公元前15世纪左右编撰完成。这篇文献着重描述了巴比伦神马杜克的崛起，目的是确立马杜克崇拜在巴比伦尼亚的地位。马杜克作为巴比伦人民族主神的地位得以确立，巴比伦城的圣城地位也得到人们认可，苏美尔文明的痕迹越来越为愈加鲜明的巴比伦文明特色所掩盖。

中巴比伦时期，书写记录与文学创作活动十分活跃。书吏所抄写、编辑和创作的文献类型十分多样，除文学文献外，还包含系统性的占卜手册和报告

文献、天象记录文献、数学文献、医药巫术文献、年代记和年表文献等。许多古老文献被抄录，有些被编纂成为传世的古典著作。书吏的传统与技能掌握在特定“家族”手中，他们可能是职业集团。在新巴比伦时期和希腊化时期，许多书吏自称是某个这类家族的后代，其祖先往往追溯至加喜特时期。

二、科　学

古巴比伦人已掌握四则运算和乘方开方，并能够解相当复杂的二元二次方程，探讨直角三角形三条边的勾股关系，计算各种形体的面积和体积。我们所称的“勾股定理”，或称“毕达哥拉斯定理”，在古巴比伦时期已经在数学泥板上出现。另外，他们求得的π值为3.125，与准确值相差无几。

天文学的发展来自人类对天体的认识，为达到与神直接沟通的目的，他们很早便设立观象台，由神庙祭司负责管理。天象记录中有日月食、行星、彗星以及虹、地震等的发生时间和地点。2世纪，塞琉古的天文学家将巴比伦人流传下来对的各种自然现象的记录编纂成书，书名根据首行命名，为《当（天神）安努和（大气神）恩利尔》（*Enuma Anu Enlil*）。全书由70多块泥板组成，其中前50块记录了日、月、气象等变化以及其预兆的含义，后20多块记载了行星和恒星的运行变化及其含义。其中第63块泥板记载金星运行状况，这是古巴比伦王朝第十王阿米萨都卡在位第1年至第8年的金星观测记录的传世抄本，称《金星泥板文书》。这块泥板上记录的内容为确定古代两河流域文明的历史年代发挥了至关重要的作用。《金星泥板文书》中有一条写为：“金星女神宁西安娜从东方天空消失，年名：镶金座

记录几何图形的巴比伦泥板

椅。”根据《巴比伦王表》，这是阿米萨都卡第8年年名的通行写法，阿米萨都卡第8年年名是：“他（国王）把远方送来的‘镶金座椅’和他（本人）的塑像献给（尼普尔的）生命神庙。”据此，现代天文学者确定了阿米萨都卡元年的多个可能的年代。根据《巴比伦王表》，阿米萨都卡元年距汉谟拉比元年有146年。鉴于古巴比伦王朝第六王汉谟拉比是两河流域历史上最著名的国王之一，他曾数度远征，考古遗存较多，易于采取多种方法进行综合研究，因此学者们将解决该王朝年代问题的关键放在确定第六王汉谟拉比的元年上。新巴比伦人还建立了黄道十二宫坐标系统，为近代天文学的发展奠定了基础，这也是今天12星座的雏形。

古代两河流域医学发达。古巴比伦宫廷里有专门的医药巫师，他们一方面利用各种宗教仪式驱除妖魔，另一方面也掌握了较高深的医药学知识。他们研究两河流域地区和周围地区的动物、植物和矿物的属性，用于治疗各种疾病。两河流域的医生还曾经做过各种外科手术，《汉谟拉比法典》中也提到一个外科医生治疗病人所产生的费用，以及手术失败后需要承担的责任。中巴比伦时期，王室医生还曾经被派遣到赫梯王宫为赫梯王室成员治病。这个医生年老去世后，赫梯王致信巴比伦王请求再派遣一名医生，这充分证明巴比伦医生掌握的高超医术在当时的近东首屈一指。同中医一样，古代两河流域人相信自然界万物皆可入药，比如用树脂、动物脂肪和碱混合成膏药敷在伤口上可以消毒。另外一个消毒办法是使用芝麻油，尽管那时的人还不知道细菌，不会明确说明此举的目的是防止细菌感染。

三、教　育

学校教育必然是巴比伦人，特别是贵族生活中的一件大事。前面已经说过，今人对于苏美尔历史和文化的认识主要来自古巴比伦时期抄录保存的各类苏美尔文献。这部分文献被称作“学校文献”，顾名思义，它们主要用于学校教育。与苏美尔时期相同，巴比伦学校教育的对象是贵族子弟，目标是培养各级书吏和基层官员。书吏的专业分工已经十分明确，他们毕业后被分配到各级

政府部门担任公文书写人员，或者到神庙担任祭司，有些留在学校担任教师，有些还远渡重洋到埃及或赫梯宫廷中担任教师和翻译，也有的前往亚述宫廷成为文化传播大使。由于教育目标不同，学校的课程设置显然各有侧重。我们已经发现了十分系统的语言学和文字学文献、科学文献、占卜文献等，巴比伦学校教育中已经出现专业划分。

四、艺　术

巴比伦人的艺术成就体现在许多方面，最集中地体现在巴比伦的城市布局和王宫建设中。今天巴比伦城市最著名的景观是公元前6世纪尼布甲尼撒二世修建的城市和建筑，城市占地达8.5平方千米，是当时世界上最大的城市。

巴比伦位于幼发拉底河东岸，巴格达以南90千米处，是公元前2000年—公元前1000年巴比伦地区国家的首都，是波斯湾和地中海之间贸易的中间站，还是巴比伦经济，依赖于幼发拉底河的农业也是巴比伦的经济命脉。在古代两河流域地区国家的都城中，巴比伦城是规模最大、影响最深远的城市。

对于西方人来说，巴比伦并非一个陌生的名字。在巴比伦城里，你可以看到重修的伊斯塔门，这应当是尼布甲尼撒二世王宫的大门，（以蓝色为主色调的高大城门楼上镶嵌着各种动物雕像，有传说中的独角兽，也有现实生活中存在的马、狮、牛等动物）进入王宫，迎面看到的是长长的步道，步道两侧为高大的宫墙，墙壁上用石板镶嵌，石板上绘制了各种动物形象，石板总数有120块。在距巴比伦城遗址几百米处，伊拉克前总统萨达姆·侯赛因建立了总统行宫，行宫建在一个山丘之上，可俯视尼布贾尼撒二世王宫大殿。

1899年，德国考古学家柯德威开始长达14年的巴比伦遗址发掘活动，发现了外城墙、内城墙、巴别塔的塔基、尼布贾尼撒二世王宫以及纵贯城市中心的道路。城市周围环绕着双重城墙和护城河；河水从城中穿过，一座座精美石桥横亘其上。城中心是马杜克神庙及塔庙，精致的石子道从这里通向著名的伊斯塔门。在城市的北端，在城墙之外，有一座防卫森严的王宫，围墙用彩色釉砖装饰。进入王宫，迎面看到的是长长的步道，步道两侧高大的宫墙墙壁上用石板镶嵌，石板上绘制了各种动物形象，石板总数有120块，每侧60块。

提到巴比伦城，提到尼布贾尼撒二世，就不能不提空中花园。关于空中花园，公元前1世纪希腊地理学家斯特拉波和拜占庭史学家菲罗曾这样记载："空中花园中的植物种在地面以上，树木的根生长在一个平台上，而不是大地。整个平台由石柱支撑，倾斜的水道提供水源。这些水灌溉整个花园，根茎滋润，空气潮湿，草绿叶青。这是王室艺术的杰作，其最令人称奇之处是参观者需仰视花园。"柯德威曾经在巴比伦发现一个由14间大房间组成的石拱顶房屋基址，他认为这里是空中花园的地窖，但因其距离幼发拉底河较远，不利于花园用水，这一观点遭到质疑。有的学者认为，亚述王辛那赫里布曾经在尼尼微修建"无敌王宫"，王宫中也有一个栽种了奇花异草的花园，水源来自山上铺设的管道，可能是空中花园真正的所在地。直到今天，关于空中花园的争论仍在继续。

新巴比伦王朝的灭亡标志着古代两河流域文明独立发展阶段结束。此后，两河流域文明的主要要素继续保存在波斯文明、希伯来文明中，并随着国家征服、民族流散、对外贸易等活动继续传播、影响着其他古代文明和民族。

第五章　巴比伦文明的历史

根据巴比伦尼亚丰富的文献资料和考古发现，巴比伦人历史文化的复原工作相对于苏美尔人来说要轻松一些。前面已经说过，先后有十个王朝统治过古代巴比伦尼亚，并都以巴比伦王朝自居。其中巴比伦第一王朝即古巴比伦王朝、中巴比伦国和新巴比伦王王朝是公认的巴比伦历史发展的主要阶段，此外，海国王朝和伊新第二王朝的统治也在巴比伦历史发展进程中有浓墨重彩的表现。

第一节　古巴比伦时期之伊新拉尔萨时期

传统上，古巴比伦时期始于阿摩利人在两河流域平原建立规模不一的国家。因这个时期主要是伊新王朝和拉尔萨王朝争霸的时期，因此又称伊新拉尔萨时期。伊新拉尔萨时期始于乌尔第三王朝灭亡后，这个时期，两河流域平原陷入政治分裂，各个曾经的苏美尔城市宣布独立，不断涌入的阿摩利人移民不断占据新旧城市，建立国家。在这些国家中，伊新、拉尔萨、乌鲁克、埃什努纳、马瑞、阿舒尔、巴比伦等先后称霸一方。这些国家大多接受城邦的政治体制，以一个城市为中心，在周围区域开疆拓土；与其他城邦国家保持友好或敌对的关系。但是，事实上，这种城邦的政治体制已经与早王朝时期的苏美尔城邦有极大的差别，主要体现为专制统治观念占据统治地位，阿摩利人——即塞姆人的习惯法传统、宗教观念等深入人心。

乌尔第三王朝灭亡后，两河流域平原地区陷入新一轮的城邦争霸之中，这时，阿摩利人不断涌入平原地区，与当地政权争夺各个前苏美尔中心城市的财富和统治权。梳理各地出土的文献之后，我们会发现这个时期的政治状况呈现出异常复杂的态势，伊新、拉尔萨、乌鲁克、巴比伦、埃什努纳、马瑞、阿舒尔等城邦轮流占据霸主地位，昙花一现后被其他城邦取代。这些短命的霸主同时还要面对多个不知名的小城邦蚊子似的不断骚扰。

这些国家大多是阿摩利人创立的城市国家，尽管在政治体制、经济体制、思想观念、宗教信仰等方面延续了苏美尔的文化传统，但是它们大都或多或少地表现出抵制，甚至颠覆苏美尔文化的姿态。只有伊新城邦例外，伊新王朝在乌尔第三王朝末期创立，以伊新为首都，史称伊新第一王朝。伊新王朝的创建者伊什比埃拉在乌尔第三王朝统治日颓之际独立建国，曾经一度控制苏美尔文化重镇尼普尔、乌尔、乌鲁克等。伊新第一王朝存在225年，历15任王，大约在公元前20世纪初被另外一个阿摩利人王朝——拉尔萨消灭。

伊新第一王朝统治的区域集中在两河流域平原南部，由于占据了重要的苏美尔城市乌尔、乌鲁克和尼普尔，这个国家因此控制了海湾贸易路线，它可以从富庶的阿拉伯海波斯湾和印度次大陆获得足够的贸易利润，维持国家的统治。伊新第一王朝以苏美尔文化的传承者自居，在王朝统治过程中大力推广苏美尔文化。在王权观念上，伊新王朝继承乌尔第三王朝国王称神的传统，也继承了部分乌尔第三王朝国王的王衔，比如“四方之王”，并且同样采用王室赞美诗宣传、巩固国王权威。在政府管理模式上，伊新王朝的管理机构与乌尔第三王朝的官僚体制几乎没有差别，国王任命的官员仍然沿用乌尔第三王朝时期的官衔名称。伊新统治者也承袭阿卡德王国以来利用宗教增强统治权威的政策，伊什比埃拉的女儿被任命为乌尔主神庙的最高女祭司。在法律规范上，伊新第一王朝编纂完成了迄今为止所发现的最后一部苏美尔文法典，即《李皮特伊斯塔法典》。法典最初刻于石碑之上，可能立于

神庙之内，代表王此时已合法公正地行使统治者的职能。《李皮特伊斯塔法典》继承了乌尔第三王朝《乌尔纳玛法典》的核心理念，即维护社会公正、纠正贫富不均现象。在文化上，伊新统治者发展了乌尔第三王朝时期创造的王室赞美诗的主题和内容。伊新第一王朝时期还最后一次编纂了《苏美尔王表》。《苏美尔王表》是现代学者研究两河流域早期历史时依据的最重要的史料。王表的基本格式是依次列出一个个城市统治者的序列。伊新第一王朝的统治者编纂《苏美尔王表》的目的并非记录历史传之后人，它宣扬的是伊新王朝依众神的意愿进行统治，王朝的兴衰起伏是注定的，也昭示着伊新王朝是乌尔第三王朝的正统继承者。

第二节　巴比伦第一王朝

从约公元前1894年开始，阿摩利人建立的巴比伦城市国家逐渐崛起。大约在公元前1792年，这个巴比伦国家的第六王即位，他就是汉谟拉比。汉谟拉比开创了巴比伦统治的新纪元，史称巴比伦第一王朝，又称古巴比伦王国。汉谟拉比在位的前20年，致力于在巴比伦尼亚北方修建防御城市。公元前1762年，汉谟拉比宣布“建立了苏美尔和阿卡德的基础”，这是巴比伦人统治前两河流域平原统治者通用的表达方式，来自苏美尔王室赞美诗，标志着巴比伦国家突破了城邦统治模式，成为一个有广阔疆域的多民族的王国。公元前1755年，经过近10年的征服战争，古巴比伦王国成为当时该地区最强大的、拥有最广阔领土的国家。在长期的征服战争中，汉谟拉比延续之前各国结盟的传统，采取远交近攻、各个击破的策略。这种外交政策在此后的几百年中成为整个古代西亚北非地区通用的外交惯例。汉谟拉比在位第30年时，古巴比伦国家的统治达到鼎盛，当时古巴比伦王国已经基本囊括阿卡德王国和乌尔第三王朝时期的版图。

汉谟拉比逝世后，两河流域南部地区原城邦国家相继独立，王室权力急剧下降。与此同时，在边境地区，游牧民族成为重大隐患；在安纳托利亚地区，赫梯人建立的王国不断扩张，赫梯王穆尔西里一世利用古巴比伦统治的积弱大举进攻。约公元前1595年，赫梯人攻克巴比伦城，古巴比伦王国灭亡。

古巴比伦时期是古代两河流域历史发展的一个重要转折，它延续阿卡德王国开始形成的，乌尔第三王朝时期逐渐确立的中央集权的统治方式，进一步加强和巩固中央集权统治，古代两河流域专制国家的统治模式最终确立，并成为之后1000余年两河流域历史发展的主要特征。

第三节 中巴比伦王朝

赫梯人攻陷巴比伦城的主要目标是抢劫富庶的巴比伦人的财富，因此他们很快返回幼发拉底河上游，两河流域平原南部陷入无政府状态。这时，加喜特人出现，他们在巴比伦尼亚建立新王朝，史称中巴比伦王朝，或称加喜特王朝。

加喜特人统治最显著的特点是王朝统治异乎寻常的长久。根据《巴比伦年代记》记载，王朝存在的时间为“576年9个月”，其中显然包含加喜特人统治巴比伦尼亚之前部落首领统治的时期。尽管如此，王朝的统治时间仍然在400年左右（约公元前1530年—公元前1155年），是古代两河流域历史上统治时间最长的王朝。

中巴比伦王大力恢复、重建古代贸易商道，他们与埃及建立友好往来关系，建立与北非地区的长途贸易路线，并借此恢复叙利亚巴勒斯坦地区的海陆交通。在南方，中巴比伦王国将两河流域平原最南端的渔业与椰枣树基地——海国并入国家版图，这意味着海湾贸易通道重新打通。在东北部，加喜特王采取多种措施保证迪亚拉贸易通道畅通，这是连接巴比伦尼亚与伊朗高原及东部地区的主要道路。通过这条道路，产自阿富汗东北部的天青石可以运抵巴比伦尼亚，这是加喜特王赠送给外国统治者的国礼。用天青石制作的印章最远在希腊半岛的忒拜出土，甚至有可能出现在今俄罗斯某地，这

也证明中巴比伦时期通往地中海的海上和陆上通道已经打通。为了保卫迪亚拉商路，加喜特统治者兴建新城库里嘎尔祖要塞，阻隔亚述人和埃兰人的侵扰。该要塞位于阿卡尔库夫遗址，靠近今巴格达城。遗址上的多级塔庙至今仍然是标志性建筑，因岁月侵蚀形成奇怪的蘑菇形状。19世纪早期从事考古探险的欧洲人曾经认为这座高耸入云的塔庙就是《旧约圣经》中提到的巴别塔。

中巴比伦时期也是古代西亚北非历史中国际交往十分活跃的时期，史称阿玛尔纳时期。阿玛尔纳是位于尼罗河下游三角洲地区的一个古代遗址，古名埃赫那吞，是埃及第十八王朝埃赫那吞法老统治时期的首都。1938年，一位农妇在这里发现大量泥板文献，研究证明这些文献为第十八王朝部分法老与当时古代西亚列强及叙利亚国家君主之间的通信，这个时期因此被命名。

阿玛尔纳书信及在哈图沙、乌加里特发现的这个时期的书信证明，这是一个国际交往异常活跃的时期，近东地区各国统治者通过频繁的信件往来讨论国际事务、联络感情、交换礼品，并通过联姻、签署互利条约、互派使节等活动谋求地区的和平与稳定。在此过程中，逐渐形成了具有鲜明时代特色的外交关系和国际交往礼仪。

阿卡尔库夫多级塔庙

阿玛尔纳时代近东地区主要国家有：埃及（图特摩斯三世——图坦卡蒙统治时期）、赫梯（苏皮路里乌马一世统治时期）、中巴比伦（卡达什曼·恩利尔一世、布尔那布瑞亚什二世统治时期）、中亚述（图库尔提尼努尔塔一世统治时期）、米坦尼（图什拉塔统治时期）。在这些强国中，埃及与赫梯是最强的两极，中巴比伦处于平稳的统治期，但受到逐步复兴的亚述王国的巨大威胁，中亚述先弱后强，是阿玛尔纳国际关系中的后起之秀，米坦尼受到赫梯和亚述的两面夹击，不断在夹缝中求生存，但最终一败涂地，被赫梯和亚述瓜分，退出近东强国之列。另外，安纳托利亚的阿尔查瓦、塞浦路斯岛上的阿拉西亚也短暂的位列其中。除此之外，叙利亚的乌加里特等附属国与宗主埃及的通信也反映了当时近东地区国家间的关系。

上述大国共同组成了近东地区的强国俱乐部。兄弟相称代表着获得了进入强国俱乐部的资格，争取或保留这个资格是各个国家努力奋斗的目标。有两个例子可以说明这个问题：第一，亚述的崛起令其南部邻邦巴比伦十分不安，布尔那布瑞亚什二世曾经致信埃及王警告此事。巴比伦王竭尽全力阻止亚述得到各强国统治者的认可，阻止其与自己平起平坐，称其为巴比伦的附庸，指称他们仅仅只是“商人”，他说：“目前，关于我的附庸亚述，我肯定没有派人前往您那里。他们为何能擅自做主去您的国家？若您珍惜我，就不要让他们做成任何一笔生意。让他们空手而归。”第二，亚述与赫梯帝国各自吞并米坦尼部分领土后成为近邻。亚述王阿达德尼拉里一世努力缓解与赫梯人的紧张关系，他致信赫梯王穆瓦塔里，与之称兄道弟，并请求得到允许参观赫梯领土内的阿玛努斯山脉，穆瓦塔里回信说：“至于兄弟相称，以及你参观阿玛努斯山事宜，我为什么要与你兄弟相称？你和我是一母所生还是一父所生？”这种讽刺贬低与针锋相对生动地反映了当时地区关系中的尖锐斗争与矛盾冲突。

各国统治者之间的交往也遵循着一定的规则，比如，某个国家或其统治者有喜事的时候，其他各国统治者应派使节前往祝贺；若某国统治者身体微恙，各国统治者应派使节前往慰问。一般来说，新王登基时会正式通报他的“兄弟们”，表达他将延续此前友好关系的意愿，并赠送礼物表达他的良好祝愿等。

中巴比伦王朝统治的后期，巴比伦尼亚的北部边境受到中兴的亚述的不断侵袭，中巴比伦统治的积弱与中亚述新锐统治者的野心使得巴比伦与亚述国家的实力此消彼长，巴比伦尼亚进入亚述统治时期。

第四节　新巴比伦王国

亚述帝国统治巴比伦尼亚时期，迦勒底人日益成为反抗亚述统治的主力军，他们接受巴比伦文化，以巴比伦人自居。

公元前627年，亚述王阿舒尔巴尼拔逝世，亚述陷入内乱。公元前626年，迦勒底人那布珀拉沙尔宣布光复巴比伦，称巴比伦王，巴比伦历史进入新巴比伦时期。

那布珀拉沙尔称王之后面临的最大的敌人仍然是亚述人。为此，他与北方逐渐强大国家的米底结盟，夹击亚述。公元前612年，亚述首都尼尼微陷落，其他亚述重要城市相继陷落，亚述帝国灭亡。巴比伦人继续消灭亚述残余势力，并且开始向叙利亚地区开拓领土。

叙利亚地区长期以来小国林立，在几个大国之间的夹缝中求生存。尼布甲尼撒（公元前605年—公元前562年）统治时期，犹大王约雅斤就面临着这样的艰难抉择：支持巴比伦还是投靠埃及？他最终选择埃及，随后也成为巴比伦王进攻的首要目标。公元前597年，耶路撒冷被攻陷，大批犹太人被强制迁徙到其他地区。此后的10年时间里，犹太人残余势力顽强抵抗巴比伦人的统治，数次爆发起义，终于夺回耶路撒冷，并企图营救被囚禁在巴比伦城的犹大国王。公元前586年，经过巴比伦军队18个月艰苦卓绝的城市攻坚战，耶路撒冷最终陷落，尼布甲尼撒彻底摧毁了该城市，并将更多的犹太人掠往巴比伦尼亚，此即著名的“巴比伦之囚”。公元前562年，尼布甲尼撒逝世，新巴比伦统治陷入低谷。

公元前539年，来自伊朗西南部的波斯人在其开国君主居鲁士大帝的率领下挥师西进，进攻巴比伦尼亚，新巴比伦王国灭亡。

第六章　巴比伦文明人物志

第一节　巴比伦第一王朝国王汉谟拉比

巴比伦第一王朝第六位国王汉谟拉比，同苏美尔文明的代表人物吉尔伽美什和萨尔贡一样，也是一个传奇人物。后人知道汉谟拉比多由于著名的《汉谟拉比法典》，他被认为是一个成功的法典编纂者，实际上，他更辉煌的事迹来自他的外交策略、军事征服、国家管理等方面。在群雄环伺的局势下，汉谟拉比的统治并不轻松，但他也并不满足于拘于一隅的小国的君主的地位，他的抱负和雄心已经远远超过了之前的任何一个君主，他要成为天下四方的霸主。在即位之初，他并未急于对外扩张，他花费了将近10年的时间整顿和巩固国内统治，修建基础设施、维护修缮各地运河和灌溉设施、建立行政管理系统、合理分配和利用土地、发展和训练军事力量等，他还与周围诸强建立了和平的外交关系。当时机成熟的时候，他开始发挥他的外交才能，首先与马瑞等15个小国签署联盟条约，与同样结成15国联盟的拉尔萨和埃什努纳联盟对抗。在征服战略中，他采取了由外及里，再扫清外围的策略，先打败埃兰、亚述、埃什努纳等联军，又夺取拉尔萨，巩固两河流域南部地区局势后，再将战争的利斧挥向昔日的盟友马瑞。在汉谟拉比即位的第31年时，古巴比伦王国的疆域正式形成，这是一个空前强大的帝国，包括了两河流域上、中、下游的所有地区。

《汉谟拉比法典》石碑

在国家管理中，汉谟拉比强调在领土上建立公正制度，并于在位的第40年，颁布了著名的《汉谟拉比法典》。《汉谟拉比法典》全文刻在黑色玄武岩的下半部分，在石碑上半部分，汉谟拉比王从正义之神太阳神沙马什手中虔诚、郑重地接过象征权力的权杖。全法典分三个部分：前言、正文和后记。前言是汉谟拉比王向世人宣告自己的权力是神给予的，自己是世界上最伟大的王。最值得注意的是，他宣称他颁布法典的目的是“发扬正义于世，灭除不法邪恶之人，使强不凌弱”。正文是282条法律条文，包括对刑事犯罪，如杀人罪、盗窃罪、强奸罪、诈骗罪、伤害罪等的处罚规定，以及对民事纠纷，如涉及借贷、继承、转让、婚姻等的纠纷处理原则，甚至还规定了房屋、土地出租的租金，婚姻的礼金和聘金的额度等。后记再次宣扬汉谟拉比王的公正，希望法典传之后世，并诅咒敢于破坏法典石碑的人。在公元前1150年前后，埃兰人从巴比伦城掠走石碑作为战利品，石碑中有部分受到磨损，可能是掠夺者想在上面刻上自己的功绩，但显然由于石碑硬度过大，他们的目的没有达到。1922年，法国考古学者在波斯王国的旧都苏撒考古时发现了这块石碑，现藏于法国巴黎卢浮宫博物馆。该法典是迄今为止世界上最早的完备的成文法典，代表了用楔形文字书写的法律的最高成就。它在结构、观念、表达方式及条文格式等方面都反映了两河流域法律一脉相承的传统，并继续影响了后来的《亚述法典》《赫梯法典》等近东其他地区的法律的编纂，它的传统还在犹太人的法律传统中保留下来，比如关于伪证罪，该法典第3条规定：若一人控告另一人犯罪，但无法证明他的指控，若指控的罪名为重罪，则那人（做伪证者）将被处死。在《圣经·申命记》中则记载：若有凶恶的见证人起来，见证某人作恶，这两个争讼的人就要站在耶和华面前，和当时的祭司并审判官面前……若见证人果然是作假见证的……就把那恶从你们中间除掉。类似的继承下来的条文还体现在债务、租赁、婚姻、通奸、人身伤害、杀人等民事和刑事案件的规定中。

汉谟拉比建立了从中央到地方的管理体制，他自己也事必躬亲，亲自处理各种政务，包括民间上访。曾经有书信记载，汉谟拉比曾经受理一个农民状告当地的小官吏非法占有土地的案件，并判决归还农民土地。

第二节 尼布甲尼撒二世

在古代两河流域地区的都城中，巴比伦城是规模最大、影响最深远的城市。巴比伦人同样视巴比伦城为神最早建立的城市，在中巴比伦时期的文献中，巴比伦城被称为最初的城和永恒之地，是巴比伦人的宗教中心和精神首都。今天该城市最著名的景观是公元前6世纪时尼布甲尼撒二世修建的城市和建筑遗址，当时的城市占地10平方千米，是世界上最大的城市。

尼布贾尼撒二世应当说是古代两河流域历史中最著名的王之一。在犹太人的经典文献中，多次提到这个王，他是犹太人历史上最重要的事件“巴比伦之囚”的制造者，后来希腊人又认为他建造了被誉为世界七大奇迹之一的空中花园。

古代希腊的许多城市都有各种关于空中花园的故事版本的记载，这些记载认为花园是尼布贾尼撒二世为他来自米底山区的妻子阿米提斯修建的，但巴比伦的史学家从未提到过这个花园。希腊历史学家希罗多德对巴比伦城的繁华宏伟也有过十分详细的记录，但也从未提到过空中花园，这使得考古学者怀疑是否真的有空中花园存在。

一些学者认为，公元前323年以后，参加亚历山大大帝东征的士兵回到家乡，他们的描述使希腊人知道空中花园。他们可能讲述了尼布贾尼撒二世的王宫、寺塔和巴别塔，可能用一些希腊人的词汇描述这座城市。近两千年后，1899年，德国考古学家柯德威来到巴比伦的高大土丘进行长达14年的发

巴比伦城内蓝色的伊斯塔门复原图

掘活动，他发现了外城墙、内城墙、巴别塔的塔基、尼布贾尼撒二世王宫以及纵贯城市中心的道路。在发掘南城堡时，柯德威发现了一个有14间大房间的房屋基址，房顶为石制拱形。古代文献中记载，在整个城市中，只有两处为石头建筑：其一为北城堡，其二为空中花园。北城堡的北墙已经被发现，确实是石头建筑。这使柯德威确定他所发现的应是花园的地窖。但马上有学者提出反驳意见，认为这里距离幼发拉底河太远，不方便用水。直到今天，该争论仍在继续。还有的学者认为，亚述王辛那赫里布曾经在尼尼微修建“无敌王宫”，王宫中也有一个栽种了奇花异草的花园，水源是从山上铺设管道引下来的，那里可能是空中花园的所在地。总之，关于空中花园的争论恐怕会一直延续下去。

关于尼布贾尼撒二世的军事活动，争论却不是很多。尼布甲尼撒二世还是王储时就参与对外作战。公元前605年，尼布甲尼撒二世与埃及人进行了一场十分艰苦的战斗，埃及人以卡赫美什为根据地与巴比伦军队对峙。尼布甲尼撒二世在卡赫美什艰难获胜，之后又成功地在哈马什地区击败了溃逃的埃及军队。两场胜利使尼布甲尼撒二世拓展了巴比伦对战略重地哈马什控制的地域范围，并且对他在战争中期顺利登上巴比伦王位有重要的帮助。在继承纳布珀拉沙尔的王位之后，尼布甲尼撒二世继续在叙利亚地区扩张领土，使新巴比伦王朝的统治疆域达到地中海沿岸。尼布贾尼撒二世先后三次出兵以色列镇压犹太人的叛乱，每次都掠回大批犹太人。《被掳于巴比伦者的哀歌》是犹太人悲惨命运的记录：

我们曾在巴比伦的河边坐下，

一想到锡安就痛哭。
我们把琴挂在柳树上，
因为我们是在那里被掳掠的，要我们唱歌，
抢夺我们的人，要我们作乐，说：
“给我们唱一首锡安的歌。”
我们怎能在外邦唱雅赫维的歌呢？
…………

第三节　末代君主纳布尼德

纳布尼德（公元前555年—公元前539年在位）是新巴比伦王国最后一任国王。关于他充满着各种各样的疑问：关于他个人身世的疑问，关于他的统治策略的疑问，关于他的评价和结局的疑问，等等。

关于他的身世，我们所知道的是：第一，他并不是王室成员，没有合法的继承王位的权利；第二，他应该是被和平地推举为国王的，因为他即位后，新巴比伦国家内部似乎并没有发生剧烈的动荡，这说明他并非一个发动政变的蓄意篡位者；第三，他即位时应该已经是中年人，甚至可能已经开始步入老年，因为这个时候，他的儿子已经成年，《圣经》中记载了这个人的名字，他叫伯沙撒；第四，关于纳布尼德，他在即位前应该颇有军功，可能是一位功高震主的将军，这应该可以解释他被推举为王的资本。那么，纳布尼德即位前，新巴比伦王国内部发生了什么变故导致王位继承顺序被打乱？对此，任何文献都没有记载。纳布尼德早期文献中包含着众多辩解的言辞，似乎是为自己获得王位的合法性制造舆论。

在行动上，纳布尼德热衷于复原古代建筑布局，研究奠基铭文，修复古物。他曾经下令仔细修复建筑过程中发现的阿卡德王萨尔贡的一尊塑像，并将其重新供奉。他还恢复古老的传统，任命王室公主担任乌尔王的辛神的恩图女祭司，并且亲力亲为，查询古代文献，复原女祭司就职典礼的一些细节。我们

可以仔细读一下下面这篇文献的片段：

由于这个高级女祭司的职位已经被遗忘很久了，
有关其特点的记述无从查找，我只能日夜冥思苦想。
就职的日子来到了，大门为我敞开。
确定我曾查看尼布甲尼撒（一世）的石碑，
他是尼努尔塔纳丁舒米之子，是过去很久以前的一个王，
石碑（文）上描绘了高级女祭司的形象。
另外，在埃吉帕尔（神庙的一个组成部分，恩图祭司的居所）收藏陈列着她的装备、衣物和珠宝。
我仔细查阅古老的泥板和木板文书，
严格按照以前的步骤行事。
一座石碑、她的装备及家居用品，
我装饰一新，逐一记录在册，
存放在我主及主母辛和宁伽尔面前。

当时，埃吉帕尔——神圣之地，高级女祭司通常举行仪式之地，
已经荒芜，成为废墟，
椰枣树和果树生长其中。
我砍伐了树木，清除了瓦砾，
我视察了神庙，基础已清晰可见。
在里面，我看到了古代诸王的铭文，
我还查阅了恩阿内杜（En-Ane-Du）的古老铭文，她曾是乌尔的高级女祭司，库杜尔马布克之女，乌尔王瑞姆辛的姐妹，她改造修缮了埃吉帕尔，
并且为埃吉帕尔旁边从前高级女祭司的憩所修建了围墙，
据此我得以将埃吉帕尔修缮一新，与从前的一样。
…………

这篇文献中如数家珍地讲述就职典礼的准备工作，一切遵照祖制，事无巨细。纳布尼德为什么如此热衷于复原祖制？他当然不是一个真正的文化学者，致力于文化建设。他的出发点恐怕仍然是确立其统治的合法性，为自己的非正统继位寻找支撑点。

对于纳布尼德的统治策略，争议也不少。作为一个王朝的末代国王，后世对于他的评价必然是贬多于褒的。波斯王居鲁士占领两河流域地区之后通过各种宣传手段宣扬自身的功绩，确立其统治的合法性，对于他的手下败将纳布尼德却有不少不实评价。其中最重要的一项是波斯人将纳布尼德描述为一个宗教狂热分子，他尊崇月神南纳，冷落巴比伦人的主神马杜克。我们看一下居鲁士文献中的描述：他为月神南纳修建宏大的神庙，仿照马杜克神庙的规格；他所遵循的供奉神祇的程序不合规矩；他置众神之王马杜克信仰于不顾；等等。后人，包括当代的一些学者也曾经接受这个解释，因为证据表明纳布尼德长期远离首都巴比伦，避居阿拉伯沙漠中的一个绿洲城市泰玛，并且在叙利亚重镇哈兰发现了他推崇当地的月神的证据。因为据说他的母亲是一名月神女祭司，他受母亲的影响尊月神抑马杜克神。对于这些证据，也有不同的解释。比如哈兰发现的推崇月神的文献证据，文献中明确说明这是为自己高龄的母亲祝寿而作。他的母亲曾经是月神的女祭司，言辞中充满溢美之词恐怕并不为过。对于纳布尼德避居沙漠的说法，另外一种解释是：这个时期阿拉伯沙漠商道的作用越来越重要，纳布尼德耗费10年的时间巩固阿拉伯商道，这也是有据可查的。纳布尼德委派自己的儿子在巴比伦主政，也从一个侧面说明这个时期巴比伦王国的统治相对稳定。对比从前的巴比伦王以及亚述王的征战目标，我们会发现在纳布尼德时期，新巴比伦的北部、东部和西部边境相对稳定，似乎没有大的边境祸

欧洲中世纪晚期油画中描绘的月神女祭司

患；国家内部似乎也没有发生大规模的起义或叛乱。所以，居鲁士文献中所说纳布尼德不敬神、不重民，导致民众反抗的说法并不可信。

当然，纳布尼德并没有摆脱亡国之君的命运，波斯人的征战洪流来势凶猛，纳布尼德亲自领兵抵挡，但是最终一败涂地。在底格里斯河东岸欧皮斯展开的激战中，巴比伦军队大败，不久，西帕尔沦陷。之后，可能在某次战斗中，纳布尼德被俘，巴比伦城守军向波斯军队投降，波斯军队举行了盛大的入城式，巴比伦王国灭亡。纳布尼德的结局如何，谁知道呢？战败者似乎不配再让胜利者浪费笔墨。

下面两个人物是虚构的人物，他们并不是文献中确切记载的哪一个具体的人，但是他们代表了古代巴比伦社会中的某个阶层。确切地说，故事中的玛西德出身于贵族之家，是含着金汤匙出生的贵族少爷，他的成长经历是古代巴比伦社会贵胄子弟大多要经历的成长模式。玛西德这个字词来源于苏美尔语词“卜师”。另外一个人物阿维鲁的名字则来自阿卡德语词“人”，也指“自由人”。当然，阿维鲁的故事就是讲述古代巴比伦社会一个普通人的人生经历。

第四节　贵胄子弟玛西德

我们这里将要讲述巴比伦城一个世代官宦之家中一个成员的成长故事。在这个家庭里，父亲继承了祖先的官位，担任城里的大法官，母亲也出身于世代官宦之家，他们有三个儿子、两个女儿，还有几十个奴隶和一些佃农。在这个故事里，家里最小的三儿子将是主人公，他的名字是玛西德。

玛西德该上学了，母亲准备了装着泥板和芦苇笔的书包，父亲送他到城中心的神庙，学校就设在神庙里。这里有两间教室：一间是基础课堂，一间是专业指导教室，老师也是神庙里的祭司。从此往后的十几年甚至更长的时间里，玛西德都将在这里学习。古代两河流域地区的学校教育体制融合了我们今天的小学和中学的基础教育以及大学或专业学校的技能教育特征。学成后，这些学生将进入各级政府、军队、神庙或私人府邸担任书吏，成为基层官员，之后按照官僚体制晋级。古代两河流域社会是等级界限分明的社会，因此，能够上学的学生大多来自上层社会，玛西德的同学都与他一样出自官宦之家。刚上学的儿童首先学习基础的拼写、语法、算术等课程。在学习一年、两年，也可能是三年、四年或更多年之后，他们将选择专业：选择进入政府机构的，将主要学习如何书写政府公文、编纂传世文献；选择进入神庙的，则主要学习神庙文献记录、书写，学习如何主持宗教仪式、占卜仪式和学习简单的医学知识等；选择进入军队的，一方面学习一些基本的军事常识和书写军事文书，一方面还要懂得一些军事行动中的占卜技能。当然，这些学生都要学习基本的数学、物理、语言文学知识。

孩子的学习生活紧张而枯燥，早晨要晨读，将前一天学过的课文朗诵几遍。早饭后，一天的课程就要开始了，他还是新生，因此今天的课程是拼写、语文和算术。拼写课学习如何正确地书写楔形文字符号，当时常用的楔形文字符号有近500个，在第一年里，他每天都要学习几个，有时候是5个，有时候是10个，每天的作业是把每个符号抄写10遍以加深记忆。语文课学习阿卡德语课文《萨尔贡的故事》，这是每个小孩子都很喜欢的故事，萨尔贡是他们心目中的英雄，他从一个自幼失怙的孩子成长为一个顶天立地的英雄，建立了一番不朽的功业。孩子们很喜欢这篇课文，他们认认真真地跟着老师朗诵、抄写这篇课文。第三堂课是算术课，学习如何计算粮食的储藏量，如何丈量土地。

学校管理十分严格，老师也可以体罚学生。他被负责校容检查的老师打过，因为他在街上闲逛，没把衣服穿好；他被维持课堂秩序的老师责罚过，因为他不经允许就随便说话；他被负责会场纪律的老师体罚，因为他一副漫不经心的样子，显然没有认真听讲；他被监督行为举止的老师指责过，因为他未经允许就站了起来；因为他不经允许就私自走出校门，看门人也抽打他。在学校里和神庙中，祭司和学生必须用苏美尔语交谈，以显示贵族的地位和风范。苏美尔语就像我们的文言文一样，早已经不在日常生活中使用，当时日常使用的语言是阿卡德语，因此孩子们并不喜欢苏美尔语。学校为此特设语言监督老师，遇到不说苏美尔语的学生就要纠正，并责罚他，以儆效

尤。日复一日的学生生活，加上严格的学校纪律，使玛西德产生了厌烦的情绪，他的功课成绩下降了，为此，他又遭到了体罚。老师说："你的功课太糟糕了，你不可救药了。"孩子开始讨厌书吏这个职业，他开始荒废学业。老师也不喜欢他了，不再向他传授技艺。孩子向父亲哭诉："我再也成不了'年轻有为的书吏'了，我当不上老师了，老师说我不可救药，不再教我了。"父亲很焦急，把老师请到家中，摆了一桌丰盛的宴席，让孩子向老师敬酒认错。酒足饭饱后，父亲又拿出了包好的礼物，里面是一些金银珠宝，父亲说这是谢师礼。老师显然很高兴，父亲送老师出门的时候，老师说："你的孩子很好，很聪明，他日一定会出人头地，不辱没贵府门庭。"父亲听了非常高兴，千恩万谢送走了老师。

学校生活也不都是枯燥乏味的，他们也有体育课和游戏课，体育课有跑、跳、投掷和摔跤项目，在游戏课时他们玩一种类似于我们今天的棋盘游戏。考古学家在乌尔发现的棋盘长30.1厘米，宽11厘米，厚2厘米。棋盘上有20个格，以5格为一组，其中一格画上玫瑰花环，一格为眼睛，一格为圆点，另外两格是不同点状，但各组的形状大小各异。游戏者为两人，似乎是先掷骰子决定要走几步、走哪个方向，走到玫瑰花环的格子就得分或代表好的结果。这个游戏在古代地中海东部、埃及、印度都广为流传。今天，仍然有一些犹太人和印度人在玩这种游戏。另外，他们也会到户外去实践他们学到的数学、物理学和天文学知识。

转眼几年过去了，孩子已经学完了基础课程，可以在泥板上写一手漂亮的楔形文字，也已经为神庙、政府抄写过许多公文和传世文献了，数学也已经学过了基础算术和几何课程，他已经能运用一些基本原理丈量土地、计算收成的税收额。古代两河流域地区的数学十分发达，在农业生产、水利设施兴建、贸易、税收等各个领域，数学知识都被广泛使用，当时的书写文献记录的几乎全部是各种物品的数量。古巴比伦时期，两河流域人已经使用毕达哥拉斯定理（勾股定理）、方程、圆周率等进行计算和解题。

现在，玛西德该选择专业了。他是家里第三个上学的孩子，大哥选择政府机构，当了几年书吏后，现在已经是巴比伦城的初级法官了；二哥进了巴比伦主神马杜克神庙当了祭司；现在轮到他选择了。家里是世袭的法官家庭，大哥已经继承了家里的职业，日后他将继承父亲的贵族头衔。二哥进入神庙，以后会向神庙长的职位努力。玛西德选择学习占卜技能，日后他既可以进入王室担任御用的占卜师，也可以进入军队为军事行动占卜预测，还可以留在神庙主持日常占卜仪式。这是一个最难学习的专业，学习也耗时最长。他用了15年的时间学习占卜技能。

根据人类学家的研究，占卜分直接占卜和间接占卜。直接占卜通过观察日常存在的事物得出结论，比如观测日月星辰等自然现象的变化，看手相、面相，看动物活动，释梦等；间接占卜要借助一定的人为活动，观测其间的变化获得结论，比如中国古代的甲骨占卜、中国一些少数民族用动物的器官占卜等。古代两河流域文明中的占卜种类非常多，既有占星、释梦、看相，也有通过观测香烟缭绕的方向和形态、牲羊的内脏形态和颜色、鸟蛇走过的痕迹等得出结论。上述所有占卜形式都十分发达，历代的占卜师也总结编纂了大量的文献，将它们图文并茂地保存下来。

玛西德逐项学习各种占卜形式的基本规则，牢记前人总结的经验和案例。每天，他拿着专为学习制作的肝脏模型，仔细观看并研究上面画着的各种区域、符号。一段时间后，他开始在专门祭司的带领下观摩实际的占卜过程。不久，他开始担任专门祭司的助手。这天，边关报告东部边境不断遭到一股游牧部落的侵扰，请求中央政府派部队平乱。王命占卜祭司卜算一下是否出兵，玛西德有幸成为占卜祭司的主要助手。沐浴之后，他首先来到神庙的圣畜棚，这里早已准备好了上百只羊，这些羊都已经经过专业兽医的检查，身体情况良好。玛西德选择了一只毛色光亮的羊带到老师面前，老师认可后他又牵着羊来到盥洗房，专门负责盥洗的低级祭司将羊仔细清洗干净，交还给玛西德，他再牵着羊来到屠宰房，负责屠宰的祭司仔细检查过羊的身体和卫生情况后将羊放到屠宰台上。他的工作只是将羊的皮层和脂肪层割开，真正内部的工作由专门祭司完成。将处理过的羊放在祭坛上后，正式的观测过程开始了。祭坛周围有负责监督的官员，也有观摩的学生，玛西德的任务是观察老师的手势、观测程序并作记录。老师查看了各个内脏器官的颜

色、位置和形状，说：“心脏色鲜，肝脏色鲜，肺正常，胃正常，胆正常，肠壁光滑”。接着，他切开了肝脏，看了半晌，说：“‘和平’右，‘富贵’右，‘健康’右”。他又数了数弯曲的肠道，说：“12”。之后他直起身，对负责监督的官员说：“吉”。这意味着可以出兵，且可获胜。这样的占卜仪式是常规的仪式。有时候，遇到一只外表看起来很光鲜的羊，但打开内脏时发现内脏器官已经出现病变，色泽暗黑，则一定是凶兆。“和平”“富贵”“健康”等都是肝脏中的某些区域的名称，右吉左凶，肠的弯曲数是偶数则为吉，奇数为凶。当占卜时出现左位、奇数时，祭司就会宣布“凶”，所占之事就将作罢。有时遇到问卜之人一心一意地要做成某事，他将换个问题问卜，甚至是多次问卜。阿卡德王朝的纳拉姆辛王曾经就建立神庙一事反复问卜，占卜结果多次为凶，他不罢休，换了多种问题、多个方式问卜，全部为凶兆后，他仍然一意孤行修建了神庙。这件事在后世广为流传，他也因此被认为是导致阿卡德王朝覆灭的千古罪人。像纳拉姆辛王这样的问卜活动动辄使用上百只羊，是大型的占卜仪式，大型仪式通常涉及国家大事。还有一些日常生活中的事情也需要通过占卜来决定，玛西德在多次担任占卜的主要助手后，终于可以担任初级占卜祭司。他主要为一些来占问日常生活事务的人举行简单的仪式，比如问孩子出生、天气、建房等。占卜用的羊有一部分由神庙自己饲养，也有王宫、官员和平民向神庙贡献的牲羊。古代两河流域畜牧业的主要支柱是养羊，用羊占卜也是顺理成章的，用占卜消耗过剩的财富也是古代社会的共性之一。这种技术后来传到赫梯王宫中，但是赫梯祭司改变了问卜方式，对每只羊都要进行多次问卜。比如，近期天象显示有灾难降临，原因是什么？如何趋利避害？占卜祭司就需要设计一系列问题。比如，有灾难的原因是有不洁之人接近过神庙大殿吗？若出现右位、偶数，就说明神的回答是“是的，有不洁之人接近过我，我生气了，所以要降灾给你们”；若出现左位、奇数，则问题不对，需要换一个问题；若出现右位奇数或左位偶数，答案是无结果，也需要重新提问。知道降灾的原因后，下一个问题就将是谁接近了神，但神不会直接开口告诉人类是谁惹怒了他，假若祭司的提问为：“是妇女吗？”若是，则下一个问题可能为：“是王宫中的女性吗？”这样一个个问下去，问出最后原因。下面需要问的问题就是如何趋利避害，这个时候有可能会换一只羊，具体视前面问过问题的多少来决定。如果问题很多，祭司往往再换一种占卜方式，比如观察一种叫作“胡里”的鸟的行为和它在沙盘上走路留下的痕迹；或观察蛇在沙盘上爬行留下的痕迹；或摆上一种牌计算吉凶等。这样可以避免一个问题重复多遍而卜象不变的情况出现。因此，赫梯人的祭司都是多面手，会多种占卜技术，在占卜中还必须随机应变，问题要提得准确，能一语道破，要随时改变占卜方式，用最短的时间找出症结所在。

除用动物占卜外，玛西德还必须学习其他的占卜形式，而且为了使占卜技艺更加精湛，他还需要加修医药学。在这之后，他又用了一年时间学习占星术。

古代两河流域人很早就通过观测天象确定农业耕作的时机，并制定了农书，将一年分为12个月，每月30天，每年有360天。他们还把宇宙分为12个区域，分别用神名命名，这就是黄道十二宫，也是后来西方12星座的雏形。巴比伦的星象家是书吏阶层的一个组成部分。他们负责观测每日、每月、每年的星象变化，向王报告星象变化对历法的影响，以及星象预兆的事情。星象家仔细记录他们的观测结果以及天象所预示的征兆及所发生的结果，这些记录成为后世星象家的重要参考文献。

在玛西德生活的年代，对于自然现象的记录并没有那么完善，当时的王室和大众更加重视占卜的结果。因此，玛西德只要了解一下占星术的基本常识就够了。但玛西德的学习过程十分艰难，他每天跟在专业星象家身后，看他们解释兆辞。即使泼在地上的水都有讲究，他们向人们解释卜辞的内容和意义，并教导人们如何避免不祥的结果。在玛西德所生活的时代之后一千多年，占星术取代原有占卜的地位，成为新巴比伦王朝王室占卜的首选，星象家的地位也随之提高，一些世袭的星象家家族成为王朝的新贵。

15年寒窗苦读之后，玛西德留在神庙中成为专业祭司。几年后，凭借他自身的努力和家族的地位，他成为神庙中的占卜主事，专门负责占卜国家大事。

第五节　平民阿维鲁

阿维鲁一家住在巴比伦城的一个角落里，周围的邻居都和他一样是手艺人。阿维鲁家世代制作陶器，他的祖先曾经是著名的陶匠，但是后来金属工艺、象牙工艺等流行，陶匠的地位也就不那么高了。阿维鲁现在只是做一些日常生活用的陶罐、陶碗、陶壶等，卖给街坊四邻，日子过得拮据，他挺平静。阿维鲁的手艺是家传的，每天早晨他从城外取回陶土，用水和匀后，就踩着陶轮制作各式陶器，做好一批后，拿到太阳底下晒干。但也因为都是平常过日子用的东西，也不讲究装饰，淘汰率也高，所以，阿维鲁每天都忙个不停。每年至少有两个月，阿维鲁要到官坊里制作陶器，供应王宫、官府、军队、役工和官奴使用。在这期间，阿维鲁每月能够领到一点儿粮食和油。这两个月的工作是劳役，是他作为平民的义务。另外，遇到大战爆发的时候，阿维鲁也必须要穿上军装去打仗。阿维鲁在城外有块地，是政府分给他的份田。他留一小块取土制陶，其余的就种点儿粮食，每年向政府交些制陶税和粮食，这是份田附带的义务。

阿维鲁家所在的地区归一个中央任命的区长管理。区长下面又有里长，在城市里，里长管理的多是从事同一种行业的平民，比如阿维鲁所在的里全部是陶匠，他们旁边的里有纺织匠、木匠、铜匠等。金匠、象牙匠等是高级手艺人，他们中的多数人有世袭官位，不和阿维鲁他们住在一起。陶匠因为是最古老的行业，也有的家族有世袭贵族头衔。只是时过境迁，用金银，甚至铜制作的器皿比陶器结实，且制作工艺精良，已经是贵族家庭普遍使用的器具。用各种珍奇石头制作的护身符、印章也代替了陶土印章。用象牙雕刻和装饰的家具、建筑比用

军营中的卜师和手工艺人

陶土装饰的家具高贵、华丽得多。

这一日，阿维鲁收到了募兵令，他要上战场了。走之前，他叫来妻子和年幼的儿子嘱咐道："如果我死在外面了，家里的田会给别人种，那人也会养你们。儿子长大后，也会分到一块田，你们母子也就有依靠了。如果我被俘虏了，家里能筹得出钱就赎我，如果筹不出，里长会找个人接受我这块地，让他养你们，我回来以后给他干活，几年以后我们就可以得回这块田。"阿维鲁走了。几个月后，军队打了胜仗凯旋，阿维鲁也安全地回到家里。和他一起去战场的邻居中，死了两人，失踪一人，他们的份田被重新分配。其中一个人的儿子一年后就成年了，又获得了一块份田；另外一个人的儿子还非常年幼，他的妻子被迫改嫁给耕种她丈夫份田的人。失踪的那个，份田也被分配给别人了，一年后他妻子也改嫁给了那个人。又过了两年，失踪的人回来了，原来他被俘虏了，后来自己逃了出来。但千辛万苦回到家乡，一切都物是人非了。他请求法官判决还给他份田、妻子和儿子。法官审理后，认为他的失踪错不在他，但这三年里，那个人替他抚养妻子、儿子，理应获得他的份田，判定里长重新分一块份田给他，妻子、儿子可以回到他身边，但他必须替那个人工作三年以补偿那个人的损失。如果法官认定他的失踪是故意放弃作为丈夫和父亲的责任，判决就完全不一样了，他将会失去一切。

从战场回来后，阿维鲁一家的生活仍然很艰难。他仍然需要服劳役和兵役，以此获得一些青苗钱和报酬补贴家用。他曾经被派到修建王宫的工地上，专门负责烧砖，这样他可以作为专业人员领取高一点的劳动报酬。当时的王用了10年的时间兴建王宫，每年都招募一些人服劳役，阿维鲁这几年除了上战场，都是在王宫工地服劳役。在工地劳动的人有不同的级别，有朝廷派遣的官员和监工，有朝廷聘请的建筑师和高级工程人员，有各个神庙的神职人员，有各种手工业行业的工匠，有普通工人，有神庙的依附民和奴隶等。神庙人员参加修建王宫在这个时期非常普遍，因为神庙有大量的依附民充当劳动力，他们平常处在神庙的庇护和管理下，有些人还受过一些专门的技能训练。这些神庙依附民多为战争中的战俘，国王在凯旋时把他们献给神庙，感谢神在战争中的佑护，这一方面减少了国家养活依附民的负担，另一方面，依附民由神庙管

理，在国家需要时可以有组织地调动这些劳动力，不需要国家直接支付劳动报酬。另外，神庙通过从政府手中获得工程款支付一部分劳动花费，同时也保证了神庙有大量产业，特别是田地有专人耕种。奴隶人数并不多，他们主要是官员的家仆和神庙神职人员的奴隶，他们很少直接参加劳动。这些神庙依附民是工地上的主要劳力，像阿维鲁他们这样服劳役的人中有很多农民与神庙依附民一起干活，手工业工匠则各发挥其所长，在工地中主要负责工具维护、制砖、装修等工作，劳动报酬相对干体力活的人要高些。工地上负责规划和管理的人收入较高，也不像小工和工匠那样领取实物，他们每月有固定的银两作为报酬。这是金融和货币管理制度发生变化的时期，用货币支付的报酬开始出现，但实物报酬仍然广泛地存在着。

在王宫工地的劳役结束的时候，农忙季节开始了。阿维鲁回到家里，先忙着把份地种上麦子，在自家地里种了菜，栽了几棵果树，如果年景好，一年的生活就有保障了。但隔壁的一家人就不那么幸运了，因为家里有个病人，借了很多钱，小作坊和份田都抵押了，无奈之下，男主人把自己的妻子和孩子卖给神庙做奴隶。这样的债务奴隶在当时比较普遍，债务人与债权人签订一个为期3年的合同，债务奴隶无偿工作3年，3年后债务取消，奴隶身份也随之取消。债务奴隶现象在古代两河流域历史中一直比较普遍，苏美尔城邦时代末期的乌鲁卡基那改革的主要内容之一就是释放债务奴隶；古亚述王也曾经颁布释奴令，也是针对债务奴隶的；古巴比伦王汉谟拉比在即位之初，也颁布释奴诏书，在征服拉尔萨后，又颁布了类似的诏书，释放拉尔萨的债务奴隶。

阿维鲁的生活很平静，他不妄想进入贵族的生活圈子。每天对着供奉的陶神，他感谢神赐予他一家安定的生活。妻贤子孝、身体健康，人生如此，夫复何求？

下篇　古代亚述文明

从公元前第二千纪开始，古代两河流域平原不再是南北一统的局面，两河流域平原北部开始出现新的成熟的城市国家和王国，开始与平原南部国家争夺地区霸权和贸易主导地位，其中尤以阿舒尔的兴起和亚述王国的建立和发展最为重要。

亚述国家的历史发展一脉相承，先后经历了古亚述、中亚述和新亚述时期，这种观点得到后世的认同，也是亚述人自我认同的观念。这种统一性体现在多个方面，包括：《亚述王表》中的亚述王继承顺序一以贯之；古亚述时期形成的独特的名年官制度延续不断，即使在中亚述王国灭亡至新亚述王国兴起之间文献缺失严重的时期，名年官制度都没有中断；阿舒尔城的中心地位和阿舒尔神的主神地位贯彻始终；中亚述时期形成的王室文献书写格式成为固定格式，继续沿用至新亚述时期；国家统治的核心区域，即亚述地区的核心地位及特权地位自古形成，从未改变。

第七章　亚述文明

第一节　亚述文明的基本特征

亚述文明与巴比伦文明相同，都植根于两河流域平原的肥沃土壤，接受并传承以苏美尔文明为代表的两河流域文明。在不断地对外扩张过程中，亚述人也创造了具有自身特色的亚述文化。亚述文化在专制国家统治制度、宗教思想和观念、生活习俗和传统、教育文化等方面与巴比伦文化并无多大差别。在语言文字上，亚述人同样以阿卡德语为官方语言，只是在某些细节上有所变化，后来这种语言发展成为亚述方言。在政治体制上，亚述人开创了帝国统治的雏形，在行省制度、军事制度、王权观念、文书管理制度等方面均有所发展。在文化教育上，亚述帝国的王室继承人教育制度的建立、王宫图书馆地位的确立等堪称古代两河流域文明史上的巅峰与绝唱。

亚述文明对于古代两河流域文明最大的贡献在于它所创立的帝国体制，这是古代地区社会早期帝国的雏形。它的多民族国家特征、对外征服、迁民垦殖、行省制度、道路交通体系、行政管理制度，甚至王位继承人培养制度等都被后来的帝国接受、沿用，成为新兴帝国确立统一秩序的重要手段。这一整套制度是在亚述文化不断发展过程中逐渐形成的，其中既包含了传统的苏美尔文化和巴比伦文化要素，也有相当一部分是亚述人的发明和创造。

阿舒尔城邦和古亚述国家的政治体制受到苏美尔文化的深刻影响。古亚述王国的创始者沙姆什阿达德引进两河流域平原南部的统治方式，称王为“沙如姆”，王衔为“宇宙之王”；他供奉祭祀阿卡德王萨尔贡和纳拉姆辛，修缮阿卡德时期重建的尼尼微神庙，以此表达他统治合法的王权观念；他仿效苏美尔传统，供奉各地保护神，修建修缮神庙，确立自己与各地神祇的联系；他还以南部方言为范本创立了王室用语，用于书写王室文书，后来这种语言发展成为亚述方言。

阿舒尔城邦统治者和早期亚述君主的统治仍然有其自身特色，其最重要的特色是名年官制度。古亚述国家建立时，两河流域南部各国大多采用以上一年中的重要事件为该年命名的传统，比如乌尔第三王朝国王舒尔吉年名中有“修建某某神庙”“通过占卜擢选某某神庙祭司”等。在两河流域平原北方，则选用某个官员的名字命名一年。阿卡德语词汇“里姆”的意思是“轮流”，称名年官。这种传统可能起源自阿舒尔城邦时期，并且持续使用至亚述帝国末期，是亚述帝国统治的标志性特征之一。名年官最初通过抽签确定，公元前第一千纪，亚述国王建立以国王为首的名年官集团，名年官顺序也就此固定下来。

中亚述国王改革了名年官制度，将国王本人纳入名年官集团，以瓦解贵族集团中拥有特权的、阻碍专制君主统治的势力。在军事扩张过程中，亚述人开始尝试迁民垦殖及在被征服地区任命直接向中央负责的亚述官员等措施。这些也为后来的亚述帝国的君主所沿袭。

亚述帝国不同于之前的城邦国家及区域性领土国家，它涵盖十分辽阔的地理范围，人口众多，居民成分复杂，宗教信仰各异。统治这样一个帝国，其政治结构必然表现出某些独特性。第一，君主统治进一步极权化。国王是集所有权力于一身的人物，掌握全体臣民的生杀予夺大权。亚述帝国建立严格的王储教育和选拔体制，保证候任统治者成长为一个理想的统治者。第二，国王稳定和改革贵族阶层的特权地位。剥夺贵族拥有和继承土地及其他财富的权利；废除传统的地方官员世袭制度，逐年选拔任命官员，由帝国中央政府直接管理地方事务。第三，建立内外有别的管理机制。亚述统治者将帝国一分为二，执行不同的统治政策，这种政策也在后来几百年间被诸多帝国采用。帝国核心区是“阿舒尔神的领土”，为扎格罗斯山脉至幼发拉底河之间的领土。另外一个区域被称为“阿舒尔治下的领土”，指核心区域以外的其他地区。这些地区由亚述人统治，但是居民并非完全是亚述人。为了有效控制被征服地区，亚述国王执行迁民垦殖政策，将被征服地区居民以家族为单位迁往其他地区，使他们无法组织起有效的反抗力量。第四，建立强大的军队体系。亚述军队由训练严格、纪律严明的职业军人组成，通过军功奖赏，军官的地位在帝国后期迅速提高。他们将步兵、装备铁质武器的骑兵和配备铁质盾牌手及弓箭手的马拉战车完美地结合起来。他们制造的铁质大型攻城车用铁皮包裹攻城槌头，威力巨大，所向披靡。亚述军队数量十分可观。在公元前9世纪其统治鼎盛时期，统治者曾经在西部战场每年投入12万兵力。第五，安全、快捷、有效的交通通信系统在亚述帝国时期开始确立，保证军队行动、信息传递、政令传达畅通无阻，这些道路后来被波斯阿契美尼德王朝沿用、借鉴，成为著名的王道网络的组成部分。

亚述国家在政治体制上的建树和成就充分反映在完备、系统的各类国家管理文献中。亚述历代君主为了表现王统的正统性和合法性，下令编纂统一的王表和名年官表，并在各类王铭文献中规范王权观念和社会秩序。

《名年官表》在中亚述时期成为传世的历史文献，刻写在亚述宗教中心阿舒尔神庙的石碑上保存。历代名年官表组成碑林，石碑每栏上面都仅仅简单记录该年名年官的名字。名年官在阿舒尔城邦时期就已经出现，由城邦中主要权贵家族的族长轮流担任。城邦时期的名年官制度主要服务于商业贸易活动，远在安纳托利亚高原的亚述商人每年获得新的名年官名，用此签署贸易合同、收支凭据，也与安纳托利亚本地统治者签订合作或者监管协议。沙姆什阿达德建立亚述王国后继续沿用名年官制度，并开始用于国家管理。考古学者在古亚述国王统治下的马瑞发现了这个时期的名年官名，之前的以重要事件为一年命名的传统暂时消失。中亚述时期之前，亚述国王并不在名年官表中。应该在图库尔提尼努尔塔一世统治时期，亚述国王也加入名年官系列。最初的名年官通过抽签产生，之后逐渐形成固定的任职顺序。

《亚述王表》是历代亚述国王在任期间下令编写的纪念性文献。主要记录国王在位期间的各种功绩，包括为神祇修建或修缮神庙和国王的军事功绩等内容。目前发现的包括从公元前10世纪后期开始，直到帝国灭亡的大量年表记录以年为单位记录了王室活动，特别是军事事件。这类王表主要在亚述历代都城被发现，如阿舒尔、卡尔胡（今尼姆鲁德）、尼尼微和萨尔贡堡（今科尔萨巴德），大多出土于神庙和王宫等纪念性建筑的地基下或墙壁下，应该是敬献给神祇的祭品，其目标应该是向神祇和臣民展示国王的贡献，也向后世子孙炫耀功劳，期待王朝统治绵延不绝。波斯王居鲁士（公元前559年—公元前530年在位）时期的文献曾经记载了这位波斯王在巴比伦发现了亚述国王阿舒尔巴尼拔（公元前668年—公元前631年在位？）时期的文献，据查，阿舒尔巴尼拔去世后，其子继位，王朝虽迅速衰退，但仍延续了十余年。这从一个侧面反映出这类文献确实发挥了教诲后人的功能。当然，这类文献也有实用价值，有一些年表文献的记录更像是慷慨激昂的演说词，可能确实曾在大庭广众之下被高声朗诵。《亚述王表》是十分重要的历史资料，《王表》中会记录国王的统治世系，将多份年表综合分析有可能得出一个比较真实的亚述王统治世系表。另外《王表》中会详细记录国王发动对外战争时缴获的战利品、敌人的伤亡人数等，这是十分重要的军事史资料。王表中也详细记录国王服侍神祇的各种活动及举行的各类仪式，可以据此复原当时的宗教生活面貌。最重要的是，《王表》也是文学作品，比如阿舒尔那西尔帕二世（公元前883年—公元前859年在位）描述一次山区战役，他说：“我砍翻了200名士兵，捕获了羊群那样多的俘虏。他们的鲜血染红了群山，逃散之敌也被群山中的猛兽和急流吞噬。”他还描绘了作战区域险恶的山势：“山势陡峭如匕首的刀刃，连飞鸟也无法越过。”文字生动，笔锋犀利。

中亚述王提格拉特帕拉沙尔一世统治时期，亚述王铭格式出现重大变革。早期亚述国王的建筑文献，在纪念王室建筑活动的同时，还记录了一些国王的军事征服活动，并列举了一长串王衔表现其功绩。但这些成就并不依照年代顺序排列，只是一种全景式的概述。提格拉特帕拉沙尔一世第一次在建筑工程报告中将各次战役依照时间顺序排列。这成为此后亚述国王历数战绩的标准格式，直到新亚述帝国末期，历时500年。这种王铭形式就是著名的“亚述年鉴”。《提格拉特帕拉沙尔年鉴》以冗长的王衔和名号开始，主要表现国王与亚述诸神及其附庸的关系；之后是对其第一次战役的描述；在描述第二次战役之前，以诗歌叠句的形式对国王进行赞美。年鉴结尾处列举他在两河流域平原北方狩猎时收罗的珍稀植物，最后描述王室建筑工程的细节，以及奠基仪式活动。

亚述文献中也记录了规范社会生活和等级秩序的内容。《中亚述法典》包含刑法与民法内容，对伪证、杀人、通奸、强奸、偷窃、伤害等刑事犯罪的惩罚措施十分严厉。此外，中亚述法律更加关注民事问题，特别针对妇女制定了详细的伦理、行为规范。中亚述社会高等级女性的生活相对封闭，虽然可以出门，但是必须蒙面。面纱是区分女性等级身份的标志，自由人妇女在外必须佩戴面纱，但是妓女则禁止佩戴面纱，违者将被处死。此外，从中亚述宫廷敕令汇编中，我们对于亚述的宫廷生活及严格的清规戒律有所了解。比如，宫廷敕令中规定，宫廷中所有人进入宫廷前必须经过甄别，甄别官员从中作祟将受到极其严厉的惩罚。另外，在宫廷中生活的人必须谨言慎行、小心翼翼，行为稍有差池都可能遭受灭顶之灾。

亚述人的艺术成就主要体现在王宫建筑中。很多亚述艺术品是西方各国博物馆中的镇馆之宝。19世纪，西方贵族家庭曾经以收藏和仿制亚述王宫中的艺术品为时尚。

有6个城市在不同时期成为亚述国家的首都：阿舒尔城是古亚述和中亚述前期的首都，后来这个城市一直是亚述人的宗教首都和王陵所在地；中亚述时期，图库尔提尼努尔塔一世和萨尔玛那塞尔三世先后建立新都，但使用时间不长；中亚述末期，卡尔胡、尼尼微先后成为首都。亚述王还曾经建设新都，中亚述王图库尔提尼努尔塔一世“在生土上建造图库尔提尼努尔塔堡”。之后，新亚述王国的萨尔贡二世亦仿效之，建立了萨尔贡堡，后者是亚述人城市新观念的代表。亚述人的城市观念基本来自巴比伦人及其之前的苏美尔人，城市格局也基本保持了两河流域平原北方的特色。城市的城墙十分坚固，有多个城门，城市内部建有坚固的王宫和神庙建筑，有花园，果园甚至动物园。

萨尔贡二世下令修建的萨尔贡堡反映了亚述城市规划和王宫建筑的新特点。新城占地2平方千米，城堡依城墙而建，甚至高于城墙。城堡中有神庙，寺塔和宫殿合成一体，庞大的人工平台建在原来的居住区上，另有一个平台上是纳布神庙，还有一个略低矮的城堡是贵族官邸，为办公场所，用围墙与城市其他部分区隔。第二层防御工事仍建在城墙上，靠近主城门，是帝国军械库所在地，用于储藏武器和战利品。萨尔贡要塞反映了新亚述帝国在城市建设上所作的重要改进，建筑材料用石头取代了传统的泥砖；城市布局观念有所改进，上城区成为神庙宫殿区，两河流域历史上首次出现教俗合一的建筑，神庙不再是城市中心；城市的功能分区更加细致明确，行政区域与军事区域相区分，而且有可能官员、平民和专业手工业者居住区分隔。科尔萨巴德是两河流域城市观念的代表，在亚述城市中，王宫代替神庙成为城市的中心，建筑风格中，不仅有两河流域南部苏美尔文明时期神庙建筑的细腻、神圣，也有幼发拉底河中游及叙利亚巴勒斯坦地区王宫的辉煌华丽的特点。

亚述城市建设中，王宫的建筑成就最为辉煌。后人对于亚述艺术和文化成就的认识也主要来自亚述王宫。尼姆鲁德最重要的、规模最大的宫殿是阿舒尔那西尔帕二世兴建的西北宫。宫殿用泥砖建造，用石膏浮雕和壁画装饰。王宫由正宫、后宫、内外两个庭院、东西南北四进院落、储藏区和水井区构成。在王宫中发现了大量壁画、浮雕和铭文，记录了国王的日常活动、宗教祭祀场景、狩猎和战争场面等，画面精巧细致，栩栩如生。王宫入口处两尊巨大的人头鹰翼狮像最为引人注目，是亚述艺术的典型代表。正宫是国王处理日常事务的场所，有三间正房。最大的一间房门朝向外庭院，房间的一角可能是王的宝座。在房间西北角和东北角墙上有智者浮雕。房间左右大门两侧，是守护神雕像。在房间东南角，有两幅浮雕，分别描绘猎野牛及其之后举行仪式的场面。旁边的房间中有楼梯通往屋顶或上层，有两个出口：一个通向楼梯，另一个通向楼梯下面的一个大橱柜。后宫主要是王宫女性的住所，在一些房间中有散落在家具上的象牙碎片（女性装饰品），在许多房间的地下发现了大量王室妇女的墓葬。内庭院是开放的庭院，面积约为864平方米（32米×27米），可容纳1000人，可能是国王的侍从和外国首脑聚集等待接见的地方。外庭院是觐见国王前群臣聚集的场所，周围是仓库和办公室，庭院西南墙的浮雕表现了朝贡者进贡的场面。东进院落应该是国王举行重大宗教仪式的地方，只允许国王最重要的幕僚和祭司进入。整个院落有10个房间，由门和通道连接。院墙上有浮雕反映国王和众保护神举行仪式的场面，全部有规范化的铭文。西进院落是客人娱乐的场所，国王可能用于宴请宾客，款待侍从和来访的外国首脑。南进院落是国王的私人空间，大多数房屋内墙上虽没有浮雕，但全部有规范化的铭文，推测墙上可能有类似挂毯的装饰。北进院落是王宫管理人员的住所。储藏区是金库或国库所在地，储藏战利品。在西南角，有一眼水井，供应王宫生活用水。西北宫浮雕装饰由上至下覆盖每一面墙，色彩艳丽、五彩斑斓。从这个时期开始，这种精美的、技艺高超的、描述王国的战争、狩猎活动及仪式活动的浮雕成为亚述王宫装饰的主题。王宫内庭发现的“宴飨碑”详尽描述了王宫的建造过程，其中描写了王宫中辉煌的建筑及装饰以及王宫落成后盛大的宴会场面：“水道自上而下连接花园；道路两边飘香四溢；赏心悦目的花园里，条条溪水如点点繁星；石榴树和挂满葡萄的藤蔓”，“各地抵达卡尔胡的总人数达69574人……在10天时间里，我向他们提供食物、酒水，我让他们沐浴、涂膏；我给予他们荣耀，让他们平安快乐地返乡”。

在尼尼微，新亚述王辛那赫里布修建了“无敌王宫”。王宫用青铜柱和来自黎巴嫩山区的雪松柱装饰。墙上有浮雕，这些浮雕和位于大门口的人头狮身或牛身双翼石雕有保护国王免受邪魔侵害的寓意。王宫建成后，周围又开始兴建花园，园中种植着来自各地的奇花异草。辛那赫里布还将园中土地分成若干小块以让尼尼微的公民种植果树。因为花园水量不足，又从山上修渠引水灌溉。据此，有

“无敌王宫”墙上的浮雕

些学者断定，这里可能才是真正的空中花园所在地。在王宫大殿门口的两尊巨大塑像上镌刻着辛那赫里布攻克耶路撒冷的铭文。王宫内墙用大块石板装饰，刻有辛那赫里布凯旋的情景，刻画了国王、军队、外国景色、被征服的城市以及攻克犹太城市拉西什的详细经过。（这场战役在《圣经·列王纪下》18：13—14中也有记载）

尼尼微的阿舒尔巴尼拔王宫中最重要的发现是王宫图书馆，这里发现的了几万块泥板，成为今人了解古代两河流域文明的最重要源泉。该图书馆由阿舒尔巴尼拔下令修建。建设图书馆的诏令如下：

王（即阿舒尔巴尼拔）致沙杜努：本王安好，祝汝安好。汝接此信，即带下述三人（三人的名字）和博尔西帕城有学问者，找寻所有泥板，所有收藏于彼之住所和埃兹达神庙之泥板。找出那些存于汝档案库内，亚述国没有的、有价值的泥板，送至本王处。本王已经致信各官员和管理者……无人胆敢私藏泥板。若汝发现任何一块泥板或仪式记录泥板为本王未列，然汝认为于宫廷有用，找出来，送予本王。

亚述王宫中的象牙镂空雕刻窗

图书馆中收藏的书籍包括历史、语法、地理、文学、法律、占星、祈祷文、诗歌等，还保留了一份完整的图书目录。

亚述王宫建筑体现了多元文化融合的特征。在建筑材料中，不仅有早期建筑中普遍采用的来自黎巴嫩的雪松、伊朗的黑石、阿富汗的天青石等，还有来自印度河流域和埃及的象牙，以及早期建筑中少见的青铜器和铁器。在建筑装饰中，浮雕、大型雕塑代替石锥形镶嵌成为新的装饰手段。

亚述的文化成就的多元特色不仅源自苏美尔文化，也来自叙利亚巴勒斯坦、安纳托利亚等被征服地区的文化，最重要的影响则来自巴比伦文化。

第二节 亚述文明与巴比伦文明

从公元前第二千纪开始，古代两河流域乃至整个西亚地区都处于巴比伦人和亚述人的影响和控制之下，巴比伦人与亚述人之间的民族宗教关系更是1300年间两河流域民族宗教关系的主旋律。

如果追溯亚述人和巴比伦人的民族起源，我们会发现，他们最早的统治者都来自阿摩利人部落，亚述人生活在两河流域中上游地区，巴比伦人在两河流域下游冲积平原地区。亚述的沙姆什阿达德和巴比伦的汉谟拉比分别是两个民族的创世英雄，两个英雄之间的战争也正式拉开了两个民族长达1300多年的矛盾纠葛的序幕。

亚述人与巴比伦人的千年纠葛，以巴比伦人胜始，亦以巴比伦人胜终。尽管亚述与巴比伦在长期的历史发展中已经形成两个独立民族，但是二者在文化、血缘、宗教等方面有相似之处，甚至可以说来自同一个源流。他们均以苏美尔文明的继承者、新文明的创造者和主流文明的代表自居，并进行了广泛的交流。

巴比伦文明与亚述文明同样起源于苏美尔文明，他们继承苏美尔人的多神崇拜、宗教仪式、宇宙观、人生观及世界观，也继承了苏美尔人的历史。古亚述王沙姆什阿达德一世在建立亚述国家之后，依照两河流域南部苏美尔人的政治制度、行政管理制度、文学文献传统、文字以及度量衡等确立了亚述人的国家统治；在宗教上，也遵循了苏美尔人城市神和城邦神的传统，尊奉阿舒尔神为城邦神。在巴比伦，《汉谟拉比法典》前言中反复宣称汉谟拉比的权力来自众苏美尔神，如恩利尔、安努、伊斯塔、恩基等。法典正文的风格、格式、主要法律条款也与之前的苏美尔诸法典相同。古巴比伦时期编纂完成了大量苏美尔时期的文学作品和文献资料，其中最著名的就是《吉尔伽美什史诗》，古巴比伦人辛·莱克·乌尼尼将巴比伦地区民间流传的吉尔伽美什的故事收集整理成的这部史诗。史诗反映了苏美尔城邦时代早期的生活，它既是古巴比伦人对历史文化的继承，也是对自身文化来源的认同。中巴比伦人更加注重收集和整理历史上流传下来的各种宗教文献，包括宗教仪式、巫术、医药、节日庆典

等方面的文献。

在亚述民族宗教形成的过程中，巴比伦人也发挥了重要作用。中亚述王国早期，亚述人既继承古亚述时期流传下来的亚述传统，也吸收了巴比伦文化特色，他们认为巴比伦是世界文化中心，是两河流域的圣城。阿舒尔乌巴里特一世信奉巴比伦的马杜克神，这个时期的人名中，马杜克亦是其中主要的要素。图库尔提尼努尔塔一世攻陷巴比伦城后，掠夺了大量泥板文书回亚述地区，学习借鉴当时先进的巴比伦文化。这个时期的亚述文献也表现出明显的巴比伦特色，比如祈祷文和史诗文献都是用阿卡德文和苏美尔文书写的。亚述人的宗教占卜传统也受到了巴比伦文化的深刻影响。

提格拉特帕拉沙尔三世占领巴比伦尼亚后，尊重巴比伦宗教传统，先后有数个亚述王——沙尔马那塞尔、阿达德尼拉里三世、萨尔贡二世到巴比伦城主持每年的新年大典。这个时期，亚述人充分吸收巴比伦文化，充实和丰富了亚述文化。《亚述法典》继承《汉谟拉比法典》以及《埃什努那法典》等塞姆人法典的特点，只在某些细节上有所差别。巴比伦文学作品也被引进亚述，其中包括著名的创世神话《埃努玛·埃里什》，亚述人改变了神话的主人公，将阿舒尔神视为宇宙、自然、人类的创造者。

在双方的神祇崇拜中，除主神崇拜有所不同外，多神崇拜和城市神崇拜几乎相同，月神辛、日神沙马什等神的属性和特征相同。在亚述地区的各个城市中，城市保护神与巴比伦尼亚的城市保护神均 遵循两河流域神祇崇拜传统。亚述人和巴比伦人的宇宙观、时间观、历史观、人生观也继承了苏美尔人的观念，在双方共同的民族认同标准，即共同的历史传统观念、主神观念、多神崇拜观念、城市生活观念等中，也可以发现与苏美尔人相似的特征。

两个民族的主要差异表现在主神崇拜和圣城上。亚述人和巴比伦人的主神分别是阿舒尔和马杜克，两个神祇的崇拜中心阿舒尔和巴比伦是各自民族的圣城。二者曾经长期就哪一个是两河流域文明的圣城展开争论。实际上，这种差异和争论源自共同的宗教观念和文化源流。苏美尔文化、巴比伦文化和亚述文化是古代两河流域文明的共同组成部分。

第八章　亚述文明的历史

第一节　古亚述时期

亚述人的历史始于阿舒尔城邦。该城邦位于摩苏尔以南约100千米，底格里斯河西岸，兴起于公元前2000年左右。“阿舒尔”既是城市主神的名字，也是城市名。后来亚述地区的名称亦源自于此。这里是亚述国家最早的统治核心，在后来的历史中，阿舒尔地区一直被简称为“国”，具有特殊的政治地位。阿舒尔城邦沿袭许多苏美尔城邦时期流传下来的城邦统治因素，也继承了阿卡德国家与乌尔第三王朝形成的专制国家因素，在短时间内，阿舒尔从城邦过渡到专制国家。

约公元前1900—前1830年间，阿舒尔城邦控制着安纳托利亚地区的贸易网络，来自阿舒尔城邦的商人在安纳托利亚地区建立了多个商业殖民地，并控制着来自波斯湾地区的锡矿石北进的贸易路线，学者称这个时期为“古亚述殖民地时期”。在今土耳其中部库尔泰佩遗址卡内什区域出土了两三万件泥板文献，包括商人之间的往来通信、账目、契约和法律文书等，从中可以观察到这个时期古亚述人对家族产业、产品质量、婚姻财产关系以及人际关系等的观念

和态度。

公元前19世纪末，阿摩利人沙姆什阿达德一世（约公元前1813—前1781年在位）夺取阿舒尔王位，后迅即展开扩张战争，他占领哈布尔河流域的阿普国首都舍赫纳，并将其更名为舒巴特恩利尔，作为古亚述国王的王城。之后，他攻克叙利亚北部的马瑞，控制了底格里斯河上游与叙利亚和安纳托利亚高原的贸易要道。沙姆什阿达德第一次在两河流域平原北方建立起一个领土面积空前辽阔的国家，古亚述王国的疆域范围东起底格里斯河畔的阿舒尔，西抵拜利赫河畔的图图尔。鼎盛时期国家领土包括哈布尔河源头地带、幼发拉底河及底格里斯河的中游地区、扎格罗斯山脉的部分地区以及埃兰的北部地区，史称“古亚述王国”，沙姆什阿达德则自称“统一底格里斯河和幼发拉底河之间的人”。

沙姆什阿达德在位33年，他创建了亚述王国统治的基本框架。他引进两河流域平原南部国家的统治方式，称王为“沙如姆”，王衔为 “宇宙之王”；他还以南部方言为范本创立了王室用语，用于书写王室文书，后来这种语言发展成为亚述方言。

沙姆什阿达德采取分封制和附庸纳贡制管理王权国家。他将被征服地区中两个最强大的地方马瑞和埃卡拉图分封给自己的两个儿子：长子伊什麦达干拥有埃卡拉图，拱卫东部祖先发迹之地，管理底格里斯河与扎格罗斯地区；次子雅斯玛阿达德坐镇马瑞，镇守西部边陲，管理幼发拉底河、拜利赫河下游以及哈布尔河；沙姆什阿达德本人坐镇王城舒巴特恩利尔掌控全局。根据这种分封制度，沙姆什阿达德为国王，他的两个儿子也称王，但是尊父亲为大王。其他附属国家的统治者也称沙姆什阿达德为大王，称他的两个儿子为王。在其他地区，国王派遣官员实行统治，有的负责管理农业区域的定居人口，有的负责管理辽阔的草场和牧民。这些官员中有的为国王派遣的官员，有些就是前朝的地方统治者。官员在全国范围内流动，而且大多高级官员无论出身高低，均从王宫低级官员做起，经过一次或数次外放地方为官的经历，又返回王城，担任高级官员。

王宫经济似乎已经在各国占据统治地位，并且支撑起中央政府机构，监狱、粮食仓库、食品库、手工工场等政府机构似乎都已经依附于王宫。阿摩利人国王，包括分封王，似乎都有在各个城市修建行宫的传统。这些行宫发挥着城市经济和商业中心以及通信驿站的作用，每座行宫内都有田地和居住区，田地上出产各种农副产品，居住区则供行宫主人和信使使用，也是后宫所在地。

沙姆什阿达德采取王室联姻、军事征伐等措施，恩威并施，处理与周边国家的关系，他与包括巴比伦统治者汉谟拉比在内的两河流域南部国家签署和平誓言，互不侵犯。

沙姆什阿达德死后，马瑞复兴，占据了古亚述国家大半领土，另外一个阿摩利人国家埃什努纳吞并周边领土，其余领土成为众多小国的势力范围。公元前18世纪中叶，古亚述王国被古巴比伦王汉谟拉比吞并，古亚述时期结束。

第二节　中亚述时期

古亚述国家灭亡之后近300年时间里，亚述地区没有出现独立国家，直到亚述王阿舒尔乌巴里特〔前1365—前1330年（或前1353—前1318年）在位〕统治时期，亚述地区才重新出现独立国家，史称中亚述王国。

阿舒尔乌巴里特即位时，正是古代西亚北非列强通过联姻、结盟等外交方式维持地区政治稳定的时期。此刻，亚述地区处于米坦尼国家统治下，但是当时米坦尼王朝统治岌岌可危，阿舒尔乌巴里特借此机会宣布独立，并且占领米坦尼东部地区的部分领土，亚述正式进入地区强国之列，与赫梯帝国、巴比伦以及埃及平起平坐。

阿舒尔乌巴里特的几代继承人努力巩固其铸就的辉煌成就。他们与南方的巴比伦人、东方和北方迪亚拉河流域的游牧民、西方的米坦尼人作战，保护亚述国家的边境安全。图库尔提尼努尔塔一世〔前1244—前1208年（或前1233—前1197年）在位〕统治时期，亚述国力进一步增强，亚述势力从叙利亚东北部的幼发拉底河流域扩展到两河流域南部的巴比伦尼亚。图库尔提尼努尔塔曾经一度攻陷巴比伦城，直接干预巴比伦内政。在与东北部的赫梯帝国作战

时，图库尔提尼努尔塔同样取得了胜利。但是他在东部和北部的扩张行动似乎并不顺利，同时，国内局势和宫廷矛盾也为中亚述国家的统治埋下了隐患。

图库尔提尼努尔塔统治末期，亚述宫廷爆发激烈的王位争夺战，中亚述国家陷入内乱。大约1个世纪后，提格拉特帕拉沙尔一世（前1114—前1076年在位）统治时，中亚述国家出现短暂复兴。提格拉特帕拉沙尔一世继续进攻东部和北部山区的游牧民，期望打通与伊朗高原东部的贸易通道。他似乎在北方取得了重大胜利，他的记功铭文刻写在凡湖岸边的岩石上。在西方，他似乎完成了一次前往地中海沿岸的巡行，可能获得了来自埃及国王的珍贵礼物。但是，南方巴比伦尼亚的威胁仍然存在，西方阿拉米人的兴起对亚述国家的统治构成了严重的威胁，亚述国家的统治范围再次龟缩至亚述核心区。

公元前1050年之后，亚述人几乎完全消失在两河流域文献中，直到公元前10世纪左右，亚述人的身影才再次出现。

由于研究资料极度匮乏，我们对于中亚述社会的了解十分零碎。但是，不可否认，中亚述社会延续了古代两河流域国家已经形成一千多年的专制统治制度，其社会结构、等级划分、权利义务等与历史上各朝各代并无明显差别。

第三节　新亚述时期

公元前第一千纪初期，整个古代西亚地区的政治统治出现新特征，帝国征服与统治成为主旋律。先是亚述，之后新巴比伦和波斯相继在古代西亚、北非建立大帝国，推行对外扩张政策，古代西亚文明走向其发展的鼎盛时期。

亚述帝国的历史大致可以划分为两个阶段：第一个阶段（前934—前745年）为全面复兴时期，亚述人努力从中亚述晚期的低谷中走出，收复其在亚述地区的传统领土，巩固核心区的统治；第二个阶段从公元前745年开始至公元前612年亚述帝国灭亡，是亚述帝国大规模对外扩张，建立庞大帝国，走向鼎盛，又迅速灭亡的时期。亚述帝国的统治历时300多年，领土范围北起安纳托利亚东南部科马吉尼地区，南至波斯湾沿岸，西达埃及尼罗河下游，东迄伊朗

亚述王宫浮雕，表现亚述国王接受战败国王称臣的仪式

高原西南部。

在国家重建阶段，亚述国王致力于收复失地，开辟并巩固贸易通道和交通要道。亚述王阿舒尔丹二世继续中亚述时期国王的征服和扩张事业，在西部对抗阿拉米人的侵扰，在东方和北方致力于打通贸易路线，获取珍稀商品。在扩张过程中，阿舒尔丹开始创建亚述军事统治体系，兵员招募、后勤保障、行军规则以及屯兵垦殖计划等开始实施，并将其逐渐融入亚述帝国统治，作为帝国统治的重要标志。

阿舒尔丹之子阿达德尼拉里（前911—前891年在位）继续进行对外征服战争。他还对哈布尔河西部地区、北部和东北部地区发动了战争，通过武力方式强迫拒绝纳贡者纳贡。阿达德尼拉里时期，亚述南部边境成为亚述国家的军事防御重点。由于军事和外交努力均告失败，公元前891年，亚述与巴比伦签署了和平条约，并通过王朝联姻进一步巩固了局势。之后的七八十年，两国维持着和平共处的关系。阿达德尼拉里继续完善阿舒尔丹二世的军事制度，将从被征服地区征缴的贡赋用于行军补给，王的作用是在沿途征集战车、马匹、牛群、珍宝及粮食，保证军队有充足的供给，亚述人强大有效的军事机器在这个时期开始确立。至阿舒尔那西尔帕二世（前883—前859年在位）统治时期，亚述国家已经成为名副其实的西亚强国。在北方和西北方，亚述国家已经控制了通往安纳托利亚高原的交通道路，在叙利亚北部、两河流域平原北部建立了军事据点；在东方，通过艰苦卓绝的山地作战，亚述国家控制了扎格罗斯山脉大部地区。来自东方、北方和西北方的各种珍稀产品和原材料源源不断地流向亚述地区，亚述国家变得强大富庶。阿舒尔那西尔帕二世在首都卡尔胡（今尼姆鲁德）的王宫遗址充分体现了亚述国家的强大影响力及文化融合性。王宫壁画、铭文描述亚述王的对外征战脚步，其艺术风格、建筑装饰材料充分体现出

亚述王雕像

亚述文化的多元特征，亚述艺术从这个时期开始出现飞跃，走向成熟。

阿舒尔那西尔帕二世之子沙尔马内塞尔三世（公元前858年—公元前824年在位）统治时期继续征服叙利亚北部和安纳托利亚地区的新赫梯人国家和阿拉米人国家，处理与巴比伦人的矛盾冲突。与此同时，在帝国的北部边境，乌拉尔图国家兴起。这是一个突然崛起的国家，该国的缔造者几乎完全复制了亚述帝国的管理体制，以子之矛攻子之盾，与亚述帝国展开了长期的战争。

公元前745年，在经历了短暂的衰落之后，亚述帝国的统治者重新迈开对外征战的脚步。这一年，提格拉特帕拉沙尔三世（公元前744年—公元前727年在位）即位。这位临危受命的君主用雷霆之势横扫从安纳托利亚南部到巴勒斯坦南部的地中海沿岸地区，控制伊朗高原西部交通要道，针对乌拉尔图展开猛烈进攻，直捣乌拉尔图首都图斯帕。在对待夙敌巴比伦人时，他也毫不留情，将巴比伦尼亚再度纳入亚述帝国统治下，此时的亚述王称为“亚述和巴比伦之王”。

提格拉特帕拉沙尔三世死后，其子沙尔马内塞尔五世即位，但是统治时间很短。提格拉特帕拉沙尔三世的另外一个儿子萨尔贡二世（前721—前705年在位）似乎篡夺了王位。萨尔贡二世采用1000多年前阿卡德王朝缔造者萨尔贡的名字作为自己的王名，他的野心显而易见。在短短几年时间里，萨尔贡二世的征伐脚步遍及从安纳托利亚高原中部到巴勒斯坦南部，从地中海沿岸到扎格罗斯山脉的广阔区域，甚至与地中海上的塞浦路斯岛、波斯湾的迪尔蒙统治者建立了联系。他下令新建的城市萨尔贡堡体现了亚述帝国的王权统治理念，王宫与神庙合一，王宫开始占据主导地位，来自帝国各地的珍贵建筑材料和装饰风格体现了帝国广袤的领土范围和多民族、多文化、多宗教的构成特征。

萨尔贡二世之后的亚述王辛那赫里布（公元前704年—公元前681年在位）和埃萨尔哈东（公元前680年—公元前669年在位）继续执行亚述帝国的对外扩张政策，致力于巩固国内局势，处理与巴比伦人的关系。阿舒尔巴尼拔王（公元前668年—约公元前630年在位）结束埃及第25王朝统治，亚述帝国发展达到鼎盛，亚述领土面积空前辽阔，整个西亚地区，包括北非部分地区均在帝国统治之下。此时，亚述帝国长期征战、四处扩张的弊病开始爆发，国内政局动荡、边境频频告急。公元前612年，在新巴比伦人、米底人的联手进攻中，尼尼微陷落，新亚述帝国灭亡。

第四节　亚述与巴比伦的历史纠葛

公元前20世纪，古巴比伦王汉谟拉比在征服战争的道路上遭遇古亚述王国，巴比伦人取得胜利，亚述地区被纳入古巴比伦王国的统治疆域。此后600年间，亚述人在巴比伦人、胡里人和赫梯人建立的强大国家的夹缝中生存。公元前14世纪，亚述国家中兴。在当时古代西亚地区的国际关系中，亚述国并不占据主导地位，中巴比伦王国则是其中最活跃和强大的势力。随着亚述在与米坦尼的军事斗争中取得节节胜利，亚述与巴比伦之间的差距日渐缩小。中亚述王阿舒尔乌巴里特统治末期，亚述已经与赫梯、巴比伦、埃及并列为近东强国。这个时期，中亚述与中巴比伦的交往中既有战争，又有签约与联姻以维持和平关系。阿舒尔乌巴里特与巴比伦王联姻，两国维持友好关系；图库尔提尼努尔塔一世攻克巴比伦，称巴比伦王，先后扶植几个傀儡王统治巴比伦尼亚；提格拉特帕拉沙尔一世时，在与巴比伦人的关系中，亚述人处于明显的劣势。之后，阿拉米人的威胁日益严峻，巴比伦与亚述君主曾经数次联合应对阿拉米人的进攻。亚述王沙尔玛那塞尔三世王座浮雕上描绘了亚述王和巴比伦王平等相待的场面。《亚述王表》也说："亚述人和巴比伦人交融在一起。"但是，亚述帝国的扩张野心最终改变了亚述与巴比伦之间的均势。公元前8世

纪中叶，提格拉特帕拉沙尔三世占领了巴比伦尼亚，称“亚述和巴比伦王”。公元前705—前627年，巴比伦尼亚处于亚述国家的统治之下。亚述人对巴比伦人的统治政策先后发生了几次变化：萨尔贡二世采取亲巴比伦政策，与亚述任命的巴比伦王共治；辛那赫里布统治时期，先后几次镇压巴比伦人叛乱，改变共治，将巴比伦尼亚纳入亚述直接统治；辛那赫里布统治晚年，逐渐改变对巴比伦尼亚的强硬政策，他下令归还乌鲁克城的神像，向乌鲁克神庙赠送奴隶；辛那赫里布的亲巴比伦政策在其子埃萨尔哈东统治期间得到更彻底的执行，他下令重建巴比伦城和神庙，恢复萨尔贡二世统治时期采取的共治政策，给予巴比伦尼亚更多的自治权；阿舒尔巴尼拔继续贯彻父辈的亲巴比伦政策，恢复巴比伦的宗教传统。阿舒尔巴尼拔之后，亚述统治相对混乱和脆弱。公元前626年，巴比伦人那布珀拉沙尔称王，几年后，他开始向亚述地区发动进攻。公元前612年，巴比伦和米底联军横扫亚述地区，亚述国家灭亡。

第九章　亚述文明人物志

第一节　古亚述开创者沙姆什阿达德

沙姆什阿达德是古亚述王国的创始人。他的身世不详，根据在马瑞发现的文献，他应该是埃卡拉图人，可能是继承父兄位任埃卡拉图统治者。大约在公元前1818年，即他在位第10年，他败给埃什努纳统治者纳拉姆辛，逃亡至当时刚刚兴起的巴比伦。七年后纳拉姆辛逝世，沙姆什阿达德复位，同时夺取附近的阿舒尔城，公元前1808年，他在此称王。

沙姆什阿达德称王后迅即展开扩张战争，他占领哈布尔河流域的阿普国首都舍赫纳，更名为舒巴特恩利尔，作为古亚述国王的王城。之后，他攻克叙利亚北部的马瑞，控制了底格里斯河上游与叙利亚和安纳托利亚高原的贸易要道。沙姆什阿达德第一次在两河流域北方建立起一个领土面积空前辽阔的国家，古亚述王国的疆域范围东起底格里斯河畔的阿舒尔，西抵拜利赫河畔的图图尔。鼎盛时期国家领土包括哈布尔河源头地带、幼发拉底河及底格里斯河的中游地区、扎格罗斯山脉的部分地区以及埃兰的北部地区，史称“古亚述王国”，沙姆什阿达德则自称“统一底格里斯河和幼发拉底河之间的人”。

沙姆什阿达德在位33年，他创建了亚述王国统治的基本框架。他引进两河流域南部地区的统治方式，称王为“沙如姆”，王衔为“宇宙之王”，供奉祭祀阿卡德王萨尔贡和纳拉姆辛，修缮阿卡德时期修建的尼尼微神庙，表达他出身正统、统治合法的王权观念；他还以南部方言为范本创立了王室用语，用于书写王室文书，后来这种语言发展成为亚述方言。他还征服马瑞等城邦国家。

沙姆什阿达德采取分封制和附庸纳贡制管理王权国家。他将马瑞和埃卡拉图分封给自己的两个儿子，派驻在分封领地附近的官员似乎曾干预和质疑两位分封王的权力。文献记载次子雅斯玛阿达德似乎只能被迫吞食这杯苦酒。雅斯玛阿达德所受的苦楚还不止这些，他似乎也受制于兄长伊什麦达干，而且由于兄长的挑拨，他与父亲的关系也并不和睦，沙姆什阿达德在《马瑞王室书信》中这样写道：

我们还要处处指导你多长时间？你还是小孩儿吗？你成人了吗？你难道还是嘴上无毛吗？你什么时候才能立事？你难道没有看到你的兄长已经统领千军万马了吗？你也应该能够管理你的王宫、你的家业了！

为了巩固统治，在各地确立合法的统治地位，沙姆什阿达德仿效前朝传统，供奉各地保护神，修建、修缮神庙，确立自己与各地神祇的联系。比如，他号称自己是阿舒尔神阿舒尔挚爱之人，宣称自己统治马瑞的权力来自城市神伊图尔梅尔的授权。

沙姆什阿达德创立亚述王国的时候也是近东地区群雄并起的时候，古亚述王国边境地带强敌环伺。沙姆什阿达德通过种种措施将各个被征服地区团结在一起。同时，沙姆什阿达德采取王室联姻、军事征伐等措施，恩威并施，处理与周边国家的关系。他与包括巴比伦统治者汉谟拉比在内的两河流域南部国家签署和平誓言，互不侵犯。

这个时期，王宫开始取代神庙，成为全国的政治、经济中心。各地官员开始在全国范围内流动，而且大多数高级官员无论出身高低，均从王宫低级官员做起，有了一次或数次外放地方为官的经历，又返回王城，担任高级官员。这些人效忠于国王本人或者两位分封王，与神庙的关系似乎并不密切。王宫经济似乎已经在各国占据统治地位，并且支撑起中央政府机构，监狱、粮食仓库、食品库、手工工场等政府机构似乎都已经依附于王宫。阿摩利人国王，包括分封王，似乎都有在各个城市修建行宫的传统。这些行宫发挥着城市经济和商业中心以及通信驿站的作用，每座行宫内都有田地和居住区，田地上出产各种农副产品，居住区则供行宫主人和信使使用，也是后宫所在地。

沙姆什阿达德晚年时遭遇东西方强敌雅姆哈德和埃什努纳的两面夹击。沙姆什阿达德于公元前1776年左右逝世，死于战争还是终老我们不清楚。但是王国统治猝然结束，王国迅即被瓜分。马瑞复兴，占据了古亚述国家大半领土，埃什努纳吞并附近领土，其余领土成为众多小国的势力范围。这些国家同时面临日益强大的埃什努纳、埃兰和巴比伦扩张行动的威胁。公元前18世纪中叶，古亚述王国被古巴比伦王汉谟拉比吞并，古亚述时期结束。

沙姆什阿达德因其开创性的贡献为后世亚述人铭记。亚述历代国王中共出现5位以该名字命名的国王。这个名字在阿卡德语中的意思是“阿杜神是我的太阳”。

第二节　从“商人”到霸主的阿舒尔乌巴里特

阿舒尔乌巴里特〔公元前1365年—公元前1330年（或公元前1353年—公元前1318年）在位〕是中亚述复兴之路上最重要的一个国王。他获得亚述王位的时候，正是古代近东历史上的阿玛尔纳时期。近东列强通过联姻、结盟等方式维持着国家间关系，维持着稳定的政治局势。但是，在局部地区，战争无法避免。埃及法老图特摩斯三世曾发动米坦尼战争，争夺叙利亚地区重要的战略重镇。赫梯国王苏皮路里乌玛一世也几次发动叙利亚战争，与米坦尼争夺叙利亚地区的统治权。阿舒尔乌巴里特统治初期，亚述地区处于米坦尼国家的统治之下。当时米坦尼正遭到赫梯王苏皮路里乌玛一世的毁灭性打击，米坦尼王图

什拉塔被暗杀。在米坦尼遭遇政治和王朝统治危机的时候，阿舒尔乌巴里特借此机会宣布独立，并且占领米坦尼东部地区的部分领土，包括尼尼微、基利兹和阿尔贝拉等重要的谷物生产区。独立后的亚述国家首先谋求得到近东列强的承认，进而努力加入强国俱乐部。阿玛尔纳书信中有两封发自阿舒尔乌巴里特的信函，真实地描述了在阿舒尔乌巴里特统治时期亚述国家在近东地区政治地位的变化。在第一封信中，亚述王的措辞十分谨慎：

致埃及王，亚述王阿舒尔乌巴里特问候您。愿您万事如意。您的房子、土地、战车、军队都安好？我将派遣一位使节拜访您及您的国家。至今为止，我的先人还从未致信于您；（而）今天我将致信于您。我将赠予您一辆性能精良的战车、一串真正的天青石珠饰作为见面礼。请不要延误会见我派去拜访您的使节。让他成功地访问贵国，之后返回我国。让他能够了解您及您的国家，然后让他回到我国。

这里，并未出现兄弟相称的词句，这也意味着他还不是强国俱乐部的成员；亚述王的头衔很中性，如同他的请求一样温和。他将赠予埃及王价值不菲的珍贵礼物以示问候与尊重，却未遵照惯例索取回礼。亚述王此时只是表达一种意向，希望他的使节能够受到接见，礼物可以被认可，他的使节能够获得返回亚述行程必备的装备及条件。在写下一封信时，由于对外战争节节胜利，国家实力迅速提高，谨小慎微的言行已经为充满自信的话语所取代。这时，埃及王已被称为兄弟，亚述王也给予自己“圣王”的称号，同时还要求获得与其雕像等值的礼物：

当哈尼加尔巴特（亚述对米坦尼的称呼）王致信于埃及王，您的父亲时，他送给他20塔兰特黄金。现在我是与哈尼加尔巴特王地位平等的王，而你仅仅送给我……黄金，这些甚至不够我的使节往返的路费。

亚述国家安全最大的威胁来自南方。中巴比伦国家此时稳坐强国俱乐部成员宝座，刚刚独立的亚述国家似乎很难对中巴比伦国家的统治构成威胁，但是，亚述的崛起令其南部邻邦巴比伦十分不安，布尔那布瑞亚什二世曾经致信埃及王警告此事。巴比伦王竭尽全力阻止亚述得到各强国统治者的认可，阻止其与自己平起平坐，在致埃及王的信中，称亚述是巴比伦的附庸，前往埃及的亚述使者仅仅只是“商人”：

目前，关于我的亚述附庸，我肯定没有派他们的人前往您那里。他们为何能擅自做主去您的国家？若您珍惜我，就不要让他们做成任何一笔生意。让他们空手而归。

尽管这个时期巴比伦与亚述关系紧张，但作为权宜之计，二者之间仍然建立了友好的联姻关系。阿舒尔乌巴里特去世时，即公元前1330年或公元前1318年，亚述已经成为近东强国，地位与赫梯帝国、巴比伦以及埃及基本平等。

第三节　文人君主阿舒尔巴尼拔

亚述帝国是公认的世界历史上最为尚武的一个帝国，也是一个血腥帝国，《旧约圣经》中将亚述帝国的首都尼尼微描述为血痕累累的“狮穴”。19世纪以来大量发现的亚述人的浮雕场景也不断地在证明这个描述：惨烈的战争场面、堆积如山的尸体、奄奄一息的狮子、高挂的敌酋首级。文献中也在不厌其烦地讲述亚述国王四处征战的丰功伟绩。这一切都在告诉我们，这是一个以武建国、以武治国、崇尚武力的国家。阿舒尔巴尼拔是尚武的亚述王中一个特殊的存在，因为除了武功，他更加注重文治。

他描述自己在王宫里学习各种在泥板上刻画的技能。他说：“我要让我自己成为各种方式和体裁的写作大师……我熟读了各种晦涩难懂的苏美尔文和阿卡德文书籍。我很热衷于阅读古人从洪水之前流传下来的碑文。”他下令在

王宫里建一座图书馆，收集古代两河流域文明各个时期的文献，在尼尼微创立图书馆。至今保存的30000块泥板成为今人了解古代两河流域文明的最重要源泉。诏令如下：

国王（即阿舒尔巴尼拔）致沙杜努：我很好，祝你快乐。你接到这封信后，立即带上下述三人（三人的名字）和博尔西帕城那些有学问的人，找出所有的泥板，所有收藏在他们住所和埃兹达神庙的泥板。找出那些放在你的档案室里，而亚述国没有的、有价值的泥板，送来给我。我已经给官员和管理者们写了信……没有人胆敢留下一块泥板不交给你。如果你见到任何一块泥板或仪式记录泥板，是我上面没有提到的，而你认为对我的宫廷有用，就找出来，送给我。

古代两河流域国王的建设者形象

据一块泥板残片记载，仅仅公元前648年一年就从各地收缴2000块泥板和300块写字板，多数来自巴比伦学者，包括祭司和卜师的私人收藏。阿舒尔巴尼拔曾经占领巴比伦，也可能极大地补充了其馆藏书籍。从各地收缴、收购泥板和写字板是一个途径。图书馆的各类藏书依照固定格式重新抄录，众多泥板的符号和布局相同，结尾处还有类似于“阿舒尔巴尼拔图书馆藏”字样的藏书章标记和“宇宙之王、亚述王阿舒尔巴尼拔图书馆”。

图书馆中收藏的书籍包括历史、语法、地理、文学、法律、占星、祈祷文、诗歌等。他命令书记官分类整理所有收集上来的文献，进行比较，然后整理出一份完整的版本，收藏在图书馆中。其中包括占卜卜辞文献、词汇表、苏美尔语–阿卡德语双语文献、医学泥板、史诗等文学文献。仅文学和学术泥板就达5000块，大约有1200篇文献。多数文献有众多抄本，有的多达6个版本。另外还有众多信件和行政文书记载亚述宫廷日常生活。重新抄录也是校注、修缮的过程，众多残缺之处被王宫图书馆的书吏修补完整，当然其中有修改正确的，也有错误的。

公元前612年尼尼微城被毁时，多数文献毁于战火。19世纪中叶以后，英国考古学者霍尔木兹·拉萨姆发现了阿舒尔巴尼拔图书馆，1873年，英国语言学家乔治·史密斯在其中发现了记载后世流传极广的洪水和诺亚方舟故事的原型的泥板。

但是，人无完人、盛极而衰等词语再次发挥了效力，阿舒尔巴尼拔未能幸免。尽管他号称自己是勇士，一生猎狮无数；尽管他创建了两河流域历史上藏书最丰富的图书馆，他仍然不能摆脱“亡国之君”的称号，成为亚述文明终结的见证者。

亚述文明作为古代两河流域文明的一个组成部分，并不因为亚述帝国的终结而消失。同样，亚述社会的众多侧面也反映了古代两河流域社会的风貌。下面虚构的两位女性的故事不仅表现亚述社会女性的生活场景，也反映了古代两河流域社会妇女的生活经历。

第四节　贵妇伊拉尼

伊拉尼出生的时候正是中亚述国家的鼎盛时期，首都阿舒尔城非常繁华，街道上车水马龙，来自各地的商人在市场中买卖各种珍奇物件。伊拉尼的父兄都是军队里的将领，他们常年在外征战，很少回家。家里只有母亲、姐妹。伊拉尼的童年生活十分快乐，她不需要像男孩子一样去读书或习武，她只是偶尔要听长辈读祈祷辞、讲古代的传奇故事，在节日里陪同家人到城里最大的阿舒尔神庙祭祀城市的保护神。由于家里是世代武官，因此供奉武士神尼努尔塔。家里供奉神龛的房间，女性是不能进入的，在每年父兄祭拜家族神的时候，伊拉尼和她的母亲、姐妹就在房间外陪同祭拜。

乌鲁克发现的早王朝贵族妇女头像

再长大一点，母亲就开始教她学习妇女应该掌握的一些手艺。同中国古代的大家闺秀一样，德、言、容、工样样要学，只不过不用学习琴棋书画，因为当时的国王也多是文盲，不认识几个大字。亚述人是尚武的民族，武功重于一切，所以当时朝廷中的书吏多是巴比伦人。后来亚述帝国的阿舒尔巴尼拔王曾经说他学习了各种技能，包括书写和阅读，这可能是亚述国家少见的一个好学、识字的王。亚述妇女品行中所要求的“德”是要求尊敬长辈、虔诚信神；“言”是言行朴素；“容”中最特殊的一条是贵族和平民妇女出门必须戴面纱，违者处死，而妓女则禁止佩戴面纱，违者同样处死；工指基本的持家技能。

伊拉尼人生中的第一次角色转换是在15岁时。这一年她出嫁了，从女儿变为妻子。伊拉尼并不是家里的长女和次女，因此并没有任何祭司头衔。她所生活的时代，贵族家庭的女儿也没有很多的义务。

巴比伦妇女则不是这样。在巴比伦人的传统里，大户人家的女儿多数担任着各个神庙的祭司职务，类似于我国古代的诰命或公主、郡主的封号，其中地位最高的女祭司职位是西帕尔城太阳神庙的娜迪图女祭司。根据规定，这个职位一般授予王室的公主和显贵之家的长女，她们获封后，将终生住在神庙里，不得婚配，因为她们是“正义之神”，即太阳神的嫔妃。马杜克神庙的娜迪图女祭司封号地位仅次于西帕尔城太阳神庙的娜迪图女祭司。与太阳神女祭司不同的是，马杜克的女祭司可以婚嫁，但不得与她的丈夫行房。马杜克的女祭司出嫁时必定带着一个自己的妹妹或陪嫁的女奴，称淑吉图，她的身份类似于我国古代的妾，她代替马杜克的女祭司行使妻子的职责，她所生育的子女属于马杜克的女祭司和她的丈夫。正妻若先于丈夫和淑吉图去世，淑吉图也不得升为正妻。丈夫去世后，淑吉图的地位视其生育情况而定，若淑吉图是正妻的妹妹，她可以随儿子居住，若无子，可以回父兄家安度晚年；若淑吉图是陪嫁的女奴，她可以因为生子而获得自由身份，若无子，则仍为奴隶。这两种女祭司在出嫁或进入神庙之时会带去大量物品，包括少量土地、房屋、珠宝首饰、生活用品、牲畜、奴隶等，这些物品在她们的有生之年全部由她们自己支配，她们也可以用之投资。因此，在西帕尔的太阳神庙里，有专门的女书吏帮助女祭司管理买卖事宜。古代两河流域的法律规定，拥有这两种女祭司头衔的贵族女子若在父亲去世时还没有进入神庙或出嫁，则她在遗产分配中占有与其兄弟同样的份额；她出嫁或进入神庙时，她的兄弟必须为她准备相当数量的物品。在她去世后，她所拥有财产的去处不一，太阳神的女祭司生前可以选择将财产赠送给她在神庙收养的年轻女祭司，她们多为自己家族的女性，她也可以选择将财产还给父兄家，少数情况下她会将财产留给照顾自己的女奴，使她可以获得自由人身份。马杜克的女祭司多数时候将财产留给妾所生的儿子，若无子，则她的财产将由丈夫还给父兄家。亚述贵族妇女虽然并没有如此严苛的宗教义务，但对于婚姻嫁妆、财产以及生育的义务也是同样严格。

伊拉尼的父兄为她准备了大量嫁妆，从家族土地中划了一小块土地给她，赠送给她一栋位于阿舒尔城中心的房子、一头牛、一百只羊，还给她准备了从巴比伦尼亚运来的家具、首饰。伊拉尼的未婚夫也是武官，是负责维持亚述王宫秩序和安全的官员。双方家长见过面后请书吏拟写婚姻合同，合同一一列出伊拉尼的嫁妆，并注明伊拉尼的陪嫁中有一名女奴为妾，其地位同巴比伦人的淑吉图相似。合同中规定：陪嫁女奴是主母的仆人，要尽心服侍主母，端茶倒水，不得怠慢，若有不敬，轻则责罚，重则扔下高塔或投入河流。日后，若主母不育，女奴生育，她也不能逾越本分；如果主母先逝，女奴也不能妄想成为主母。在合同的最后，列举了男方给女方的聘礼，数量很少，几乎仅是嫁妆总额的1/10，甚至更少。然后由证人一一签字，双方家长签字。过了聘礼和嫁妆后，就开始准备婚礼了。

与中国古代的婚礼习俗一样，未婚夫妻确定名分后还不能见面，因此伊

拉尼婚前也从未见过未婚夫。我们很难说清楚两河流域人的婚礼是什么样的，有没有花轿，有没有拜天地、入洞房的仪式。我们知道的是，婚礼当天要大摆宴席，有歌舞，有祭神仪式，祭祀的是丰收和丰产之神，祈求多子多孙，幸福美满。

在古代两河流域的神话传说里，有一个与婚姻爱情有关的故事：女神伊斯塔是天神安努的爱女，她到了谈婚论嫁的年龄，父亲给他选了英俊的牧神杜木兹，但伊斯塔喜欢淳朴的农神。碍于父命，伊斯塔与牧神举行了婚礼。天上众神都来贺喜，在载歌载舞、觥筹交错中，伊斯塔和杜木兹结为神仙眷侣。婚后，杜木兹从伊斯塔那里获得了控制武器运输、控制动植物生长等能力。伊斯塔也开始喜欢杜木兹，二人齐心协力，使得人间风调雨顺、国泰民安。但好景不长，伊斯塔遭到伏击，杜木兹为了保护爱妻而被杀害，被送到地狱。地狱的生活黑暗、寂寞、清苦，杜木兹在梦中向伊斯塔倾吐愁思。伊斯塔悲痛欲绝，她来到地狱的大门口，请求地狱女王允许她进入地狱探望亡夫。伊斯塔经过七道门，每经过一道门就被剥去一层衣服（含首饰），当她最后达到地狱女王面前时，她已经一无所有。女王终于同意，伊斯塔可以每年有半年时间代替杜木兹在地狱生活，而让她的丈夫待在人间。

这是古代两河流域地区季节更替的传说之一。后来在每年春天庆祝开镰和秋天庆祝收获的节日里，国王都扮作杜木兹与神庙的女祭司扮演的伊斯塔共度一夜，宣布季节发生更替，并纪念二神之间的爱情。

新婚之后，伊拉尼就要在丈夫家里持家，每天向公婆请安，通过朝廷分配的管家和家臣了解家族内的情况，管理家内奴隶。丈夫家和自己家一样，有酿酒作坊、纺织作坊，有土地，有牲畜。奴隶数量不多，只有十几个，但在土地上耕作和管理牲畜的雇工人数不少，足有一两百人。伊拉尼从娘家带来的土地、牲畜也由夫家的雇工接手管理。家里的大小事情原来是婆婆处理，现在都要伊拉尼来管。

一年后，伊拉尼怀孕了。公婆马上到神庙里请来祭司，在家里摆上祭坛，感谢阿舒尔神、感谢伊斯塔神。又早早请来有经验的产婆，在整个怀孕期间看护伊拉尼的日常饮食、行动。婆婆再次接管了家里所有的大小事情。9个月后，生产那天，产婆沐浴后先祭祀伊斯塔女神，请她保佑生产顺利，又反复背诵咒语。使伊拉尼顺利产下一个男婴。

似乎所有古代社会都注重男性传承，男性是家族血脉的延续，在古代两河流域社会也一样。在誓词、誓言、条约中，经常能够看到“若有违背誓言者，将断子绝孙”，“破坏此碑者，诅咒他断子绝孙”等类似的话语。重视繁衍子嗣、重男轻女似乎同样在亚述和巴比伦社会中存在，家族里的男性成员拥有主要的财产继承权和支配权。

伊拉尼完成了人生中的第二次角色转换，成为母亲。伊拉尼一生生育了6个孩子，4男2女。她将子女抚养和教育得很好，长子长大后，继承父亲的职位，成为武官。长子16岁时娶了妻子，伊拉尼完成了一生中最后一次角色转换，成了婆婆，将家事交给儿媳后，伊拉尼安度晚年。

第五节　女奴瓦尔蒂

瓦尔蒂出生在两河流域东部的扎格罗斯山脉里。小时候，她每天奔跑在山林里，与小动物嬉戏，采些果子回家吃。男孩子则早早地就跟随着大人一起去打猎、伐木，也经常和大人与周围的其他部落打仗，扩大自己部落在山林里的地盘。妈妈和年龄大一些的姐姐每天忙着处理男人送回来的猎物和木材。动物的毛皮处理好卖到山下可是个好价钱，木材是山下平原上的人盖房子最需要的。部落里的男人抽空把这些东西卖到山下，再换回山上没有的东西。还有一部分人从东边的伊朗高原那边运来一些珍奇的石头、树木等卖给平原人。

部落里的生活逐渐发生着变化，开始有人尝试着耕地了，有些小动物也被驯养起来，瓦尔蒂自己也养了几只山羊。男人们都去打仗了，部落里只剩下老人、妇女和孩子。有一天，突然来了许多身穿铠甲的人，他们气势汹汹地涌进部落，瓦尔蒂和其他的妇女、儿童一起被绑住手，赶下了山。在途中，她得知部落里的男人都在战场上战死了，有些人被俘虏了，但多数也和留在部落里的爷爷一样被杀死了。瓦尔蒂从小就知道，一旦她们的部落在战争中被打败，

她就会成为奴隶，临近的其他部落就发生过这样的事儿。

和瓦尔蒂一起被带走的妇女和孩子有100多人，抓走她们的是生活在平原上的亚述人，她们被带往各个亚述城市。此时正是炎热的夏季，空气中弥漫着潮湿的气味，温度很高，路上没有什么水喝，吃的也很差，很快就有人病倒了，不久陆续有人死去。走了将近两个月，瓦尔蒂她们终于到了尼尼微城，出发时的100多人只剩下70多人，10岁以下孩子几乎没活下来几个。到达后，她们全部被送到一个纺织工场里，她们被打上奴隶的记号，开始在他乡的奴隶生活。妇女每天织布，孩子就跟着做些打杂的活。生活稍微安定一些后，她们可以每天用供给的面粉和油做饭，过节时偶尔还能得块布料做件衣服，发点面包和啤酒改善一下伙食。工场里除了她们这一批人外，还有一些其他地区俘虏来的奴隶，也有一些妇女是因为家里穷、没有依靠卖身为奴的。除了奴隶外，在工场里还有一些平民，他们是雇工，在农闲时来工作挣点儿钱好熬过青黄不接的日子。先来的奴隶告诫瓦尔蒂别惹雇工和那些监工。在这里，奴隶的地位是最低的，那些雇工和监工是平民，他们打伤、打死奴隶只要赔钱就行了，但是如果奴隶还手打伤了平民，打伤对方哪儿，奴隶自己的哪儿就要挨同样的打，这叫“以牙还牙、以眼还眼”；如果奴隶打死平民，奴隶就将被处死偿命。这是这个社会的法律，瓦尔蒂不知道什么叫法律，她只是每天小心翼翼、战战兢兢地埋头干活。但是危险还是避不开，与瓦尔蒂一起来的一个女孩儿被一个工人强奸了。事情闹到监工那里，那个工人只给了工场一点儿钱，等于补偿那个女孩几天不能干活给工场造成的损失，对那个女孩却没有任何表示。不久，女孩怀孕了，因为孩子的父亲并不承认这个孩子，孩子生下来后仍然是奴隶，母亲带着他仍旧每天在工场里工作。以前也有这样的事情，奴隶的孩子和被俘虏的孩子一起，在婴儿时期跟着母亲，再大一点儿就在工场里打杂。十几岁的时候，男孩子到其他工场和工地干体力活，女孩子或留在工场跟母亲干一样的活，或被送到其他地方。在工场里，瓦尔蒂她们是官奴，可能是临时性的，当朝廷军队打了胜仗或遇到喜事的时候，她们这些人可能会被赏给某些有功勋的官员，或献给神庙。这天，为了庆祝军队凯旋，朝廷大力犒赏军队和有功将领，瓦尔蒂被赏赐给一个文官。当天瓦尔蒂就被送到了新主人的家里，管家将她带到奴隶住的房子里，告诉她主要工作是帮厨房做饭，酒坊、织坊忙时也要帮忙。在新主人家里，和瓦尔蒂一样的奴隶有二十几个，多数是战俘，还有几个是家生奴隶和从山区买来的奴隶。新主人在朝廷里的地位很高，每天非常忙碌，家里客人不断，因此瓦尔蒂的工作也特别忙。几年后，主人家里的女儿要出嫁了，瓦尔蒂被选为陪嫁奴隶到了一个新家庭。在新家庭里，瓦尔蒂的工作同样地忙碌。又过了几年，瓦尔蒂的生活发生了重大改变，因为女主人迟迟没有生育，瓦尔蒂被男主人纳为妾。瓦尔蒂的地位并没有因此而改变，她每天的工作仍然是服侍女主人，伺候她的衣食住行。对这样的改变，瓦尔蒂有些不安，又觉得有了点盼头，如果能生下一个儿子，她以后就有了依靠，也有了恢复自由身的希望。但是若没能生育，她以后的生活可能会更加凄惨。因为像她这样的奴隶若不为妾还有希望被主人许给男奴隶，生育自己的孩子，虽然孩子还是奴隶，但毕竟有了自己的家庭，漫长的奴隶生活也有了一些盼头。在不安中，瓦尔蒂生下了一个男孩，未及看上一眼，孩子就被抱给了女主人，成为女主人的孩子，瓦尔蒂仍旧每天服侍女主人和小主人。20年后，女主人去世了，小主人感念瓦尔蒂生育了自己，宣布废除她的奴隶身份，让她成为自由人，并从自己的财产中给了她一小块土地和一间小房。瓦尔蒂在自己的小屋里度过了余生。

瓦尔蒂的命运算是女奴中很好的，奴隶的命运完全不掌握在自己手里，她们就像浮萍，漂漂荡荡，身不由己。在瓦尔蒂的晚年，奴隶人数更多了，在战争中俘虏的男性也越来越多地被卖为奴隶。为了防止他们逃脱，他们的头发上有一个明显的记号，每天镣铐枷锁不离身。他们的工作也繁重得多，在采石场、水利工地、林场等场所工作。男性奴隶的死亡率比女奴要高很多，总有人逃跑。瓦尔蒂在小屋里，经常可以看见逃跑的奴隶被抓回来当众殴打惩罚，主人家里也有逃跑的奴隶被送回来。瓦尔蒂很同情他们，但当时社会的法律对逃奴有严格的规定：如果有人隐藏逃奴，他自己会受到严厉的惩罚，甚至会被卖为奴隶；如果奴隶在逃跑过程中被人打死，这个人要赔偿奴隶的主人一个奴隶，或相当于一个奴隶价格的钱。奴隶头上的标记也十分重要，理发师若不小心剃掉了标志，要被砍掉手以示惩罚。瓦尔蒂不知道，在1000多年后，使用

奴隶在海的另一边——一个叫希腊的地方成为一种时尚。再晚一些，在一个叫罗马的城市，奴隶之间的角斗和手足相残被当作贵族的娱乐活动。又1000多年后，许许多多无辜的黑人被迫背井离乡、漂洋过海，被强制送到另外一个大陆从事着极为繁重的体力劳动，绝大多数人客死他乡，不得魂归故里。瓦尔蒂，在阿卡德语中的意思就是“奴隶”，另一个意思就是“绳索”，是千百年来套在千千万万奴隶身上的枷锁。

外篇　周边文明

古代两河流域文明从一开始就不是与世隔绝、孤立发展的文明，这一点在前面几篇的叙述中已经很充分地表现出来了。本篇将从另外一个角度审视古代两河流域文明的广泛影响和多元包容特点。本篇将概括描述几个与古代两河流域文明息息相关的文明。它们在地理位置上与古代两河流域文明接壤，在历史发展上受到古代两河流域文明的深刻影响，也在许多方面影响着两河流域文明的演进、政治的变迁和经济的发展。

第十一章　古代埃兰文明

伊朗地区古代国家的发展历史可大致分为前埃兰时期（约与古代两河流域文明乌鲁克四期、三期，早王朝一期、二期同时，约公元前3400年—公元前2600年）、古埃兰时期〔两河流域地区早王朝三期（约公元前2600年—公元前1500年前）〕、中埃兰时期（约公元前1500年—公元前1000年）以及新埃兰时期（约公元前1000年—前6世纪中叶）。

前埃兰时期的考古发现证明，公元前第三千纪时，伊朗地区已经出现中心城市，比如安珊，其发展水平与同时期两河流域南部冲积平原的城市基本持平。伊朗地区与两河流域南部地区的联系远比想象中更加密切，而且覆盖范围也更广。伊朗地区与两河流域南部地区贸易关系网络范围更加广大，已经向东经伊朗高原中部延伸至巴克特里亚；贸易产品种类也更加丰富，包括石材、金属及其各类成品。两河流域与伊朗地区之间的联系最早可以追溯至公元前第四千纪后期（即两河流域乌鲁克文化晚期，伊朗前埃兰时期），两地发现的陶器类型、色彩及装饰有相似之处。但是，此后两地的陶器表现出迥然不同的特点，两河流域文献中也不再出现伊朗人的身影。

古埃兰时期，两河流域南部的早王朝三期城市与伊朗高原之间既存在密切的商业往来关系，也存在军事冲突。《苏美尔王表》（后简称《王表》）记载的早王朝城邦中有阿旺城邦。阿旺是《王表》记载中获得王权又被剥夺王权

的城邦国家，它从乌尔手中夺取王权，又被基什剥夺了王权。《王表》描述采用常规的王权更替方式，但是，《王表》中没有完整保存阿旺王朝三位国王的名字，关于其具体地理位置也尚无定论。同时期的文献中也记载了埃兰与两河流域地区的联系与纠葛，《王表》记载基什王曾经攻克埃兰。另外，拉伽什文献中也保留了众多有关埃兰的记录。埃阿纳图姆曾经数次发动东部战役，旨在打通东部地区陆路和海上交通道路，使拉伽什与埃兰得以建立贸易关系。关于该时期伊朗地区的政治局势，目前没有证据显示该地区被纳入两河流域南部国家的政治版图。但这一局势在下一个发展阶段发生了重大变化。

在阿卡德王朝统治时期，数位国王曾经发动埃兰战役，文献记载萨尔贡曾经发动战役，攻克13座东部城市或地区。该王国统治中期，阿卡德统治者执行征服政策，苏撒被短暂纳入阿卡德王国版图。玛尼什图苏和纳拉姆辛两位国王统治时期，先后有4位总督被派驻此地，但是在法尔斯的最东部仍然存在独立王朝。苏撒的考古发现证明，这个时期的苏撒遗存中保留着鲜明的两河流域特征，表现在陶器、印章、雕塑上；更靠近两河流域的苏锡亚纳地区则具有更加鲜明的两河流域特征，反映在该地区发现的日益增加的阿卡德语人名中。与此同时，伊朗西南部地区的考古发现也表现出贸易枢纽的多元文化特征。

在乌尔第三王朝，苏撒被并入乌尔国王任命的苏卡尔玛官员的行政管辖区域，苏卡尔玛有权指挥埃兰军队。约公元前2200年，埃兰人和西玛什基（苏撒北部）人联合摧毁乌尔，在西玛什基地区建立了国家和地方政权，该国家统治埃兰至约公元前1890年。此后该地区应处于伊帕尔蒂王朝的统治之下，统治持续到约公元前1520年。统治者称苏卡尔玛，应源自乌尔第三王朝的官衔。之后埃兰历史陷入黑暗时期，文献记载这个时期有一个王朝统治伊朗西南部及其以东地区，统治者称“苏撒与安珊王”。

约公元前1450年至约公元前1100年的中埃兰时期是古代伊朗政治历史发展的第一个鼎盛时期。埃兰王泰普提阿哈尔（前14世纪早期）控制着苏撒地区和安珊，建立了成熟的行政管理制度，国王参与大规模神庙建设，对宗教活动进行资助，并进行规范。他的统治时间与巴比伦王卡达什曼恩利尔（公元前1374年—公元前1360年在位）的统治时间同步，这个时期巴比伦与埃兰宫廷互派过使节（甚至在其祖先库里嘎尔祖一世时期还曾出现过王朝联姻），但二者之间的关系在逐步恶化。根据《巴比伦年代记》记载，库里嘎尔祖二世（公元前1332年—公元前1308年在位）曾与当时的埃兰王胡尔巴提拉对战，并打败他，此人不见于文献。根据库里嘎尔祖铭文，他征服了苏撒及其周边地区。出土于苏撒的部分库里嘎尔祖二世文献证明，巴比伦王曾经战胜埃兰。但我们无从知晓巴比伦对埃兰西部地区的占领持续了多长时间。

由于埃兰语文献日益丰富，今人对于公元前13世纪、12世纪埃兰历史的了解更加深入。埃兰王直接统治的大片领土，从海湾地区的利延（标志着获取了海洋利益）延伸到法尔斯省的安珊，包括北部的山区和苏撒地区。这个时期之后，伊朗城市蓬勃发展，法尔斯成为农牧业经济的中心市场，其他城市也参与到大规模贸易活动中。中埃兰时期广泛的、大规模的金属贸易伴随着中埃兰国王对北部地区的逐步扩张而繁荣起来。

在两河流域，这个时期，中亚述国家兴起，图库尔提尼努尔塔一世不断扩张领土，他成功地占领巴比伦地区，培植傀儡王，但是公元前1224年，埃兰王基丹胡特兰将其强行掳至埃兰。之后，埃兰王再次战胜亚述王在巴比伦任命的第三个傀儡王阿达德舒马伊蒂那（公元前1222年—公元前1217年在位）。埃兰人的进攻终结了亚述对巴比伦的统治。似乎这个时期埃兰国家内部出现王朝更迭，之后出现的两位国王是世代巴比伦人的噩梦。舒特鲁克那胡恩特（公元前1185年—公元前1155年在位）对巴比伦地区发动大规模攻击，废黜在位的巴比伦王，洗劫了整个巴比伦国家。数量众多的战利品中包括纪念石碑，其中有汉谟拉比法典石碑、纳拉姆辛凯旋碑，部分石碑被敬献给苏撒的埃兰神，石碑上添加了埃兰语铭文。其子库杜尔那胡恩特（公元前1155年—公元前1150年在位）统治巴比伦地区，他的暴行超越了其父（在巴比伦人眼中），他摧毁了巴比伦众神像，包括巴比伦核心神马杜克的神像。

对巴比伦地区的破坏是埃兰政治统治的顶点。库杜尔那胡恩特的继任者，其弟什尔哈克因舒什那克（公元前1150年—公元前1120年在位）留下了大量铭文文献，证明他们仍然统治着底格里斯河东部地区，并侵入了扎格罗斯地区和亚述核心区域的北部地区。他甚至可能向伊朗内陆地区扩张领土。埃兰已

经成为一个坚不可摧的国家，在其继任者胡特鲁图什因舒什那克（公元前1120年—公元前1100年在位）统治时期仍然如此。出土自塔里玛延的胡特鲁图什因舒什那克时期的埃兰行政文献证明，王的物质基础及资源十分雄厚。无论是什尔哈克因舒什那克还是胡特鲁图什因舒什那克都并未企图对巴比伦地区行使直接的政治统治权，原因不详。胡特鲁图什因舒什那克统治中期，巴比伦王尼布甲尼撒一世（公元前1126年—公元前1105年在位）发动攻势，战胜埃兰人，将马杜克神像请回巴比伦。

之后的300年时间里，即新埃兰时期，伊朗地区再次陷入混乱。一些学者认为库泽斯坦地区大批城市被毁以及法尔斯地区安珊城市规模大幅萎缩与尼布甲尼撒一世的入侵有关。但是这个时期阿拉米人及早期波斯人的涌入与伊朗地区政治局势发生重大变化也不无关系。

公元前7世纪，亚述帝国攻克埃兰是伊朗古代历史的分界点，之后阿契美尼德开启了伊朗古代历史发展的新纪元。阿契美尼德时期的文献及希腊、拉丁语文献中这样描述埃兰：在阿契美尼德波斯人、帕提亚人及萨珊波斯人眼中是不驯的政治势力（比如反对大流士统治的起义、亚历山大及塞琉古时期的Uxii人以及帕提亚王朝时期的Elymanean国家）；是来自群山的武士、令人望而生畏的弓箭手（阿契美尼德时期、塞琉古时期和帕提亚时期）；拥有悠久的语言和宗教文明。埃兰作为涅斯托利派控制的行省是该词汇在文献中的绝唱。

第十二章　赫梯文明

赫梯文明是公元前17至前8世纪间，在安纳托利亚高原和叙利亚北部的一个发达文明。赫梯一词源于《圣经》，在《创世纪》《民数记》《约书亚记》《列王纪上》《列王纪下》《历代志下》《以斯拉记》中均有所提及，它特指青铜时代末期以后的一支迦南人。后来学者用它借指安纳托利亚青铜时代后期的王国。但是这个时期的赫梯人从来没有把这个名词作为民族或政治概念，也不用于确指他们的印欧人身份。从狭义上说，赫梯人专指一支迁徙到安纳托利亚中部的印欧人，他们自称为耐塞特人，他们与同属于印欧人的卢维人和帕莱人同时或先后到达安纳托利亚。广义上的赫梯民族，则是对包括耐塞特人、卢维人、帕莱人和当地土著哈梯人等在内的多个民族的统一称谓，其中甚至还包括一些来自两河流域和叙利亚的居民。赫梯国家建立后，赫梯人沿用当地古老地名，称“哈梯国”，赫梯人也被同时代国家和民族称作“哈梯国人”。在这次大规模的移民运动中，印欧人从黑海北岸向南迁徙，一部分人从黑海西岸经今土耳其西北部的特洛伊等地区进入安纳托利亚高原中部，一部分印欧人则从黑海东岸进入安纳托利亚地区；另外部分印欧人很可能进入巴尔干半岛，进而成为希腊半岛的早期居民，经黑海东岸而来的一部分人又经伊朗高原进入印度河流域等地区。印欧人的迁徙只是当时大规模、大范围移民浪潮的一个组成部分。到达安纳托利亚地区后，赫梯人逐渐将自身的风俗文化融入当地土著哈梯

人的文化中，并吸收印欧人的其他移民——帕莱人和卢维人的文化，逐渐形成了赫梯文化。当时的安纳托利亚地区有数个大大小小的城邦，它们与古亚述商人建立了密切的贸易往来关系，同时又从古亚述商人那里接受了古老的两河流域文化，因此，赫梯文化一开始就具有鲜明的两河流域文化特色。

赫梯人到达安纳托利亚高原后，先后在高原中部多地建立地方政权，他们与当地居民逐渐融合，并且与来自两河流域北部亚述地区的商人签署各种合作协议，帮助这些商人在安纳托利亚建立商业据点，他们自己也从中获利，加强自身实力。

约公元前1650年，赫梯王哈图西里一世（约公元前1650年—公元前1620年在位）统一安纳托利亚地区的各个城邦国家，以哈图沙为首都，建立赫梯王国，史称赫梯古王国。赫梯国家建立后迅速发展，其势力范围很快到达叙利亚北部地区，与两河流域文明直接接触。与两河流域南部地区相比，安纳托利亚物产丰富，这里有充足的雨水和河水，农业是主要的生产部门，在高原南部山区有丰富的铅矿、铜矿、银矿和木材资源。唯一的缺憾是冶炼青铜器所必需的锡矿在安纳托利亚地区没有蕴藏，赫梯人不得不到处寻找锡矿石，因此曾经有学者称赫梯人所发动的战争是“锡的战争”。赫梯人为寻找锡矿石所进行的远征终于到达两河流域南部地区。哈图西里一世的孙子穆尔西里一世（约公元前1620年—公元前1590年在位）率领赫梯军队南下攻陷两河流域名城巴比伦城，由著名的古巴比伦王汉谟拉比一手缔造的古巴比伦王朝统治就此终结。穆尔西里一世在从巴比伦地区返回的途中逝世，王位继承权之争迅即展开。约公元前1525年，一个叫铁列平的王颁布了《王位继承法》，这是迄今为止最早的、记录在案的王位继承法规，规定了王的嫡长子为第一继承人，其次为嫡次子，再次为嫡长女之夫等。但法律规定并未能阻止王位争端，赫梯人的统治进入混乱时期。100多年后，赫梯统治才再次复苏，进入发展的鼎盛期，即帝国统治时期。

苏皮路里乌玛一世（约公元前1344年—公元前1322年在位）开创了赫梯帝国时代，他率领赫梯帝国进入近东强国之列。在近东诸强中，赫梯与埃及的势力范围在叙利亚地区发生碰撞，米坦尼在一段时间内阻断了赫梯人与埃及人的交流路线。巴比伦国家与米坦尼国家接壤，米坦尼人又阻断了巴比伦人与安纳托利亚地区的交流路线。埃及为了扩大在亚洲的影响，不断加强对叙利亚和巴勒斯坦地区的控制。在这种形势下，冲突不可避免。从赫梯的角度看，米坦尼国家是心腹大患，必先除之而后快。因此，赫梯人与埃及和巴比伦建立友好关系，孤立米坦尼。大约公元前1322年，赫梯王苏皮路里乌玛一世消灭米坦尼，恢复了对叙利亚北部地区的统治权，但在幼发拉底河和底格里斯河之间地区，亚述人的势力不断扩大，成为新的隐患。但此时赫梯人的首要任务是解决与埃及人在叙利亚地区不断激化的利益冲突，大约公元前1279年，双方在地中海东岸的卡迭什展开激战，虽然在卡尔纳克神庙墙上的壁画描绘了埃及法老拉美西斯二世英勇杀敌的姿态，但战争的结果极有可能是两败俱伤，因为不久后，双方签署了和平条约，订立攻守同盟。这场战争在世界军事史和外交史上都占有重要地位。从军事角度看，这是历史上第一场有详细战场描述资料的战争，资料描述了双方战前的准备、赫梯人的情报战术、埃及军团的行军路线

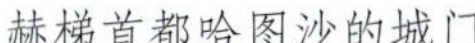

赫梯首都哈图沙的城门

等；从外交史的角度看，双方签署的是迄今为止保存最完整的、最早的两个强国之间的平等条约，条约格式、攻守盟约等是国际法学者和国家关系史学者关注的重点。

亚述人势力日强时，赫梯国家内部统治出现危机，制铁技术的传播消弭了赫梯人在武器生产上的优势地位；海上实力薄弱，无力抵抗海上民族和国家，如阿拉西亚（即今塞浦路斯）的侵扰；福无双至，祸不单行，国内又连年发生大饥荒，迫使赫梯王向埃及求救，希望从埃及购买粮食以缓解供应压力。但是这些问题已经足以摧毁一个国家，大约公元前1200年，赫梯王国在内忧外患中土崩瓦解。

帝国瓦解后，赫梯人散落在安纳托利亚高原中部、东南部以及叙利亚北部。从公元前11世纪至前9世纪，这些地方先后出现了多个以“哈梯王国”自居的城市国家，史称“新赫梯时期”。新赫梯人在文化和语言特征上与之前的赫梯人相同，在雕刻技术、建筑装饰、人物刻画技巧和方式等方面表现出赫梯艺术的特征，但是在政治上二者并无传承关系。新赫梯国家统治时期正值古代西亚群雄争霸，这些城邦国家凭借优越的地理位置发展经济，传承赫梯文化。但是伴随着亚述国家的复兴，新赫梯国家先后在亚述帝国的征服浪潮中被淹没，赫梯国家及赫梯文化从此消失在历史长河中。《旧约圣经》记载以色列王所罗门的母亲是“赫梯人”，应该是指这个时期的新赫梯人。公元前9世纪初，在亚述王国的扩张运动中，这些赫梯小国被纳入亚述国家版图，赫梯人政权不复存在。哈梯国人、赫梯人、新赫梯人的称呼被逐渐遗忘。但是赫梯文明的特色则通过各种途径被零星地保存下来，其民族则被融合到新的民族中，成为亚述人、阿拉米人、腓尼基人、犹太人等。

新赫梯人以赫梯帝国的继承者自居，但是他们已经不再是安纳托利亚高原的主人。在这个阶段，安纳托利亚高原也数易其主，吕西亚人、吕底亚人、卡里亚人等先后入主高原中南部。对于他们，我们的了解实在不多，只是在希罗多德的记载中我们知道一次著名的日食发生在吕底亚人与米底人的战斗中，争斗双方认为这是上天降罪，因此决定休战。高原西部沿海成为这个时期希腊半岛的各个希腊城邦竞相争夺的香饽饽，希腊人在爱琴海诸岛和高原西部沿海相继建立了众多殖民地，众多具有希腊文明特征的城市先后建立，其中当然以特洛伊独占鳌头，尽管这个地方早已在新石器时代就已经是地区性的重要中心。也因此，德国考古学家海因里希·施里曼在寻找传说中特洛伊战争发生地的时候，错过了真正的特洛伊战争时期的地层，因为特洛伊的堆积层实在是太过深厚了。这之后，安纳托利亚高原逐渐融入希腊、罗马文明的发展道路。希腊城邦联盟与波斯阿契美尼德王朝之间爆发的旷日持久的希腊波斯战争（公元前490年—公元前449年）的导火索就是这些希腊殖民地。公元前334年，马其顿王亚历山大开始东征，他的第一站也是安纳托利亚高原。罗马帝国扩张过程中，在高原东部建立亚细亚行省（公元前129年），这是今天亚洲一词的来历，也因为这个原因，安纳托利亚高原又被称为小亚细亚。

多元文化是赫梯文化的主要特色，这一点单从赫梯语言的构成就可以得到证明。赫梯人采用两河流域地区的楔形文字书写赫梯语言，以塞姆语系为主的楔形文字家族因此出现印欧语言的身影。赫梯人在自己的语言中加入各种语言因素，包括源自两河流域的苏美尔语、阿卡德语，叙利亚地区的胡里语，以及与赫梯人共同到达安纳托利亚地区的其他印欧人移民使用的帕莱语以及卢维语，当然还包括安纳托利亚地区土著居民的语言，如哈梯语等，现代学者在破译赫梯文时能从这诸多语言元素中获得启发。此外，同属印欧人移民的帕莱人、卢维人也都借用楔形文字书写自己的语言，赫梯文化的多元特性可见一斑。

第十三章　胡里文明和米坦尼王国

米坦尼国家的主要居民是几乎与阿摩利人同时移民而来的胡里人，但其统治者则是另一个移民而来的小集团，称米坦尼人。无论是胡里人还是米坦尼人，他们的来源都仍然是个谜。胡里人也用楔形文字书写自己的胡里语言，在今天伊拉克北部的基尔库克和埃尔比勒等地发现了大量的用胡里语楔形文字书写的泥板文书，在赫梯首都哈图沙也发现了赫梯语和胡里语双语文献，这为破译胡里语创造了条件。

约公元前15世纪，米坦尼国家成立，首都为瓦苏卡尼。与阿卡德国家的首都阿卡德一样，瓦苏卡尼的位置在相当长的时间内没有确定，仅初步断定应该在今天叙利亚和伊拉克交界地带。但是瓦苏卡尼更加幸运，经过科技考古学家不懈努力，瓦苏卡尼的位置终于能够确定下来。基尔库克和埃尔比勒（今伊拉克境内）都是米坦尼国家的地方政治中心。米坦尼国家建立后迅速扩张领土，占据了叙利亚地区、幼发拉底河和底格里斯河中上游地区，并与周围的赫梯、中巴比伦以及埃及建立对等的国家关系。但是，地处赫梯和埃及两个强国之间，米坦尼必然面临着进退维谷的艰难形势，加之中亚述人的崛起严重威胁到米坦尼东部边境的安全。强敌环伺之下，米坦尼的灭亡也就不足为奇。中亚述的日益强大显然无法保证米坦尼的安全，米坦尼的东部领土不断被中亚述蚕食。公元前1322年，赫梯王苏皮路里乌玛一世占领米坦尼首都瓦苏卡尼，并任命自己的儿子担任赫梯—米坦尼联军总司令，负责米坦尼安全，至此米坦尼国家灭亡，退出历史舞台。

与其他迁移定居在两河流域地区的民族不同的是，胡里人继续保留了自己的宗教和文化传统。胡里人并未如阿摩利人、加喜特人那样，在入主两河流域地区后，基本抛弃自身的宗教文化特色，转而“皈依”传统的两河流域文化。胡里人接受两河流域文化，并融合自身文化特色，创造出胡里文化。胡里人的统治者在对外交往中使用胡里语言文字，特别是在宗教上，保留了多数胡里神祇名称，如雷神泰苏普，他的配偶海帕特，日神西米基，女神芍乌斯卡。但其中掺杂了两河流域宗教崇拜成分，如芍乌斯卡女神崇拜就与两河流域传统的伊斯塔女神崇拜合而为一。胡里文化继续向西北传播，深刻影响了赫梯帝国文化，在赫梯文化史上，这是一个胡里化过程。具有胡里文化特色的神话，如库马尔比神话以及乌利库米传说，经赫梯人继续传播，影响着古代希腊文化。《荷马史诗》里“阿喀琉斯的脚后跟”在现代西方是一个众所周知的俗语，意思是有致命弱点的人，这个故事来自乌利库米的传说。在希腊学者赫西俄德的著作《神谱》里，列举了希腊诸神，其中的三主神观念来自库马尔比神话，胡里人的三主神观念又来自两河流域宗教中的观念，其文化传播的脉络清晰可辨。

第十四章　叙利亚国家乌加里特

公元前第二千纪早期，在众多塞姆人、非塞姆人大规模的迁徙浪潮中，占据优越地理位置的叙利亚地区出现众多城市国家。它们多以一座城市为中心，统治周围小块领土，在众多强国中周旋，并发挥其地理优势，发展长途陆路和海上贸易。这个时期这些城市国家的突出特点是城市防卫十分坚固，斜坡式防卫城墙能有效地阻碍攻城槌等重型武器的进攻。具有多元特征的文化体系也借助四通八达的交通网络影响着周围地区，它们的艺术风格出现在后来亚述帝国的王宫建筑中，也出现在埃及墓葬文化中。我们无从确定这些小国之间是否存在从属关系，从各地发现的考古遗址及文献资料中，我们只能窥见部分国家与当时西亚、北非强国之间的关系变化。对于某个叙利亚国家的具体了解则完全取决于我们是否发现了足够的资料证据，这其中包括乌加里特、雅姆哈德、卡赫美什、阿什塔塔（首都埃玛尔）、阿拉拉赫等。乌加里特是其中最具代表性的一个国家。

乌加里特位于叙利亚北部沿海地区，今名拉斯沙姆拉。考古发掘工作已经发现公元前第二千纪的王宫遗址以及大量泥板文献。由于地处强大的赫梯王国和埃及王国之间，乌加里特国家曾经先后沦为埃及和赫梯的附属国，甚至一度被并入赫梯版图。乌加里特统治者与赫梯国王签署的和平条约中规定了双方各自的权利和义务，包括保护双方边境安全、乌加里特王向赫梯王纳贡、赫梯王在乌加里特边境发生危机时出兵援助等内容，是古代宗主国与附属国之间条约的典型范本。类似条约及相关文献在其他叙利亚城市遗址以及赫梯、埃及宫廷档案中均有发现。这些文献证明当时多数叙利亚国家都从属于北方、南方及东方的强国，通过纳贡、联姻等手段维持自身的政治存在。

由于地理位置特殊，叙利亚国家商业十分发达，它们西连塞浦路斯及地中海岛屿，向北与安纳托利亚南部及东南部贸易网络相连，向东与叙利亚北部地区其他内陆国家建立贸易关系，并进而与两河流域南部和北部建立商业联系，向南与巴勒斯坦地区以及埃及建立海上和陆路贸易关系。在叙利亚国家的各个城市，来自各地的商人建立各自的组织和团体，协调各自的商业关系网络。

这个时期叙利亚地区居民以塞姆语族居民为主，其中乌加里特居民以迦南人和胡里人居多，埃玛尔居民多为西塞姆人和胡里人。阿卡德语为通用官方语言，但是各个城市中也使用其他语言，同时表现出区域特征及宗主国特征，例如埃玛尔文献中既有阿卡德语文献，也有赫梯语、苏美尔语以及胡里语文献。这个时期乌加里特楔形文字泥板文献中出现了一种新型语言，学者称之为“迦南语”，这些文献已经具有早期字母文献的某些特征。

公元前12世纪末，新一轮移民浪潮兴起，来自海上的移民浪潮呼啸而过，打击甚至摧毁了地中海沿岸的一批国家，多数叙利亚国家消失。

第十五章　犹太以色列文明

与公元前第二千纪相同，公元前第一千纪的叙利亚巴勒斯坦地区存在众多以城市为中心的小政权，其统治者与居民来自不同民族、不同文化背景，但是他们的政治生活和经济生活表现出相似性。由于资料所限，对于其中多数国家的详细情况我们无从得知，但是其中也有例外。有赖于《旧约圣经》的详细记载以及圣经考古学的深入开展，我们对于这个时期出现的犹太-以色列人及其国家的认识比较深入，至少比其他同时期国家要详细得多。

《圣经》记载，以色列人大约在公元前1400年从埃及进入黎巴嫩山脉以南的迦南南部地区。近来有学者提出以色列人可能是迦南人的一支，他们于公元前13世纪晚期迁徙至中部山区。之后，他们以以色列人的名义向其他地区迁徙。公元前1000年时，大卫王建立王国。在大卫王（公元前1000年—公元前960年在位）及其子所罗门（公元前960年—公元前931年在位）统治时期，中央集权的君主制国家确立，他们通过军事征服及创造性的外交手段统一全国。这是《圣经》记载的以色列人统治的黄金时期，称第一圣殿时期。公元前925年，内战爆发，国家分裂为对峙的两个王国，北方称以色列国，首都为撒玛利亚；南方为犹大国，首都为耶路撒冷。在亚述帝国的征服浪潮中，北方以色列国陷落。亚述帝国灭亡后，犹大国成为新巴比伦王国的附属国。公元前586年，尼布甲尼撒率领巴比伦军队镇压犹太人的反抗，攻陷耶路撒冷后，将大批犹太人掳到巴比伦城，此即著名的“巴比伦之囚”事件。公元前539年，波斯王居鲁士攻陷巴比伦城，大批犹太人返回家乡，重建圣殿，这个时期被称为后放逐时期或第二圣殿时期。

犹太教信仰与这段历史关系十分密切。犹太教信仰在这个时期最终完成从多神教向一神教的转变，雅赫维成为唯一的神。犹太人与这个唯一神签署契约，遵守戒律，制定行为规范，这些后来发展成为犹太民族的民族观念及其所倡导的民族精神，并延续至今。

第十六章　阿契美尼德波斯文明

波斯人是说印度–伊朗语的游牧民族。公元前第二千纪末叶至前第一千纪早期，他们从中亚地区迁徙至伊朗高原，在高原西南部法尔斯地区定居。在他们之前，米底人已经到达伊朗高原中部，建立起一个西起扎格罗斯山脉，东达今德黑兰附近的政权。米底国家的首都为埃克巴塔那，以此为中心，米底人通过征战、侵袭、长途贸易、称臣纳贡等手段与周围国家、地区和各个民族建立起紧密关系。古代两河流域文献中并未详细记录米底国家的活动，仅有两位米底末代王出现在《巴比伦年代记》中，他们是库阿克撒列斯和阿司杜阿该斯。这两位国王也在希罗多德的《历史》中出现，因此基本可以肯定米底人已经创建了一个强大的国家。公元前7世纪，米底人与新巴比伦人联合摧毁亚述帝国，米底国家与新巴比伦王国瓜分了亚述帝国的领土及贸易市场。

在伊朗高原，尚未统一的波斯人各部落在与米底人竞争中处于劣势，受米底人统治。这种态势持续至居鲁士大帝（公元前559年—公元前529年在位）时期。居鲁士首先统一波斯人各部落，之后发动米底战争。公元前550年，他打败米底人，将米底及其在安纳托利亚地区的领土一并纳入他所创建的帝国。公元前539年，居鲁士大帝兵不血刃占领巴比伦城，新巴比伦王国灭亡，波斯帝国接手新巴比伦王国的辽阔领土。之后，他继续征战，为一个庞大的、多民族的、横跨欧亚非的帝国奠定了基础。

居鲁士创建的帝国是一个多民族国家，融合了多种不同的语言和文化，波斯帝国的第三代大流士号称自己征服了70多个民族。因此，波斯帝国没有沿用亚述帝国的征服、镇压、迁民充军模式，而是采用笼络式的亲善政策。居鲁士参与主持修缮巴比伦神庙，归还神庙产业，参加巴比伦新年庆典仪式。居鲁士释放被囚禁在巴比伦的犹太人，允许他们返回耶路撒冷，重建圣殿。居鲁士是理想统治者的典范，这个评语来自波斯人的敌人——希腊人。此外，由于出身游牧民族，波斯人并没有大力发展城市。相反，他们修正埃兰人、巴比伦人和亚述人的观念和体制，使之更加符合自己的传统习俗，这个维系新兴帝国的波斯体制一直运行至公元前331年，亚历山大大帝征服波斯帝国领土。

军事征服贯穿阿契美尼德波斯帝国的始终。居鲁士的征服行动从西北部开始。战胜米底后，他继续向西北挺进，打败吕底亚国家，将安纳托利亚高原大部地区收入囊中。之后继续北上，占领爱琴海东岸部分希腊城邦。然后，他挥师南下，接收新巴比伦王国的广阔领土。为了进一步保证波斯帝国的稳定与安全，居鲁士又发动东方战役，矛头直指伊朗东部及中亚地区，占领阿富汗山区以西及中亚大部分领土。之后他在波斯人的龙兴之地兴建新都，名为帕萨尔加德。该城市充分表现出居鲁士所创建的多民族国家的特色，王宫及王陵建筑中融合了多元文化特征，包括波斯风格的廊柱大厅、亚述风格的浮雕、爱奥尼亚风格的雕塑等。

波斯波利斯王宫遗址

居鲁士席卷西亚大部分地区的征服浪潮为埃及扩张势力提供了机遇。居鲁士晚年无暇处理埃及问题。其子冈比西斯即位后，迅即发动埃及战争，摧毁埃及第二十六王朝，在波斯国王头衔中加入埃

及法老称号，并奉行“以埃治埃”政策，任用埃及人统治埃及，保持埃及王室和宗教传统。

冈比西斯晚年，波斯宫廷出现内乱，大流士一世在群雄争霸中胜出。他继续推行征服扩张政策，将印度西北部地区纳入波斯帝国领土，并出兵西北镇压希腊城邦起义。同时，他通过一系列改革措施巩固庞大帝国的统治。

薛西斯统治时期，波斯与希腊城邦之间的冲突愈演愈烈，希腊本土终于加入反对波斯统治的大潮。公元前490年，希腊—波斯战争爆发。战争初期，波斯军队借助强大的军事优势占据上风，但是希腊人的顽强抵抗以及波斯帝国东部边境地区不稳定局势的牵制让波斯军队疲于奔命，最终在公元前480年，希腊同盟取胜。波斯帝国战败后仍然是西亚地区的霸主，但是其帝国统治已现乱象，在宫廷政变、边境起义以及经济衰落中继续支撑100多年后，希腊人终于彻底摧毁了波斯帝国。公元前333年至公元前331年，亚历山大大帝率领的马其顿军队将庞大的波斯帝国纳入马其顿王国领土。

波斯帝国存在200余年，它继承并发展了亚述帝国以来的帝国体制，进一步发展帝国的王权观念、政府管理及行省体制，推进帝国文化建设。波斯体制也成为之后众多帝国仿效、学习的榜样。

波斯帝国采取行省制进行统治，所有领土被划分为众多行省，行省首脑称“总督”。行省地域面积十分辽阔，基本维持当地原有区划，行省首府一般为被征服国家首都，例如，埃及行省的首府是孟菲斯，吕底亚的是萨尔迪斯，米底的是埃克巴塔那，巴比伦的是巴比伦城。总督一般为波斯贵族，他们接受国王直接领导，主持行省政治、经济、军事等日常事务。

除行省外，帝国边境地区还存在部分特殊区域，比如扎格罗斯山区游牧民族区域、阿拉伯人部落以及奥克苏斯河下游地区的西徐亚人区域。波斯王给予这些地区部分自治权利，允许他们保留传统的游牧生活方式及社会组织，帝国在必要时提供军事保护。作为回报，这些地区负责保护交通设施、贸易通道，在必要时提供人力支持，缴纳或赠送地区特产。

大规模军事征服及广泛的对外贸易活动对四通八达的道路交通网络的要求非常高。波斯帝国对亚述帝国道路交通网络进行继续完善，使驿站网络、交通工具及食品供应网络、防卫设施等一应俱全。最为著名的王道从安纳托利亚西部的萨尔迪斯到伊朗西南部的帝国核心苏撒，并继续向东延伸至中亚地区。除陆路通道外，波斯人还建立水上交通系统，大流士曾经开凿连接红海和尼罗河的运河。

为了适应多民族国家的特点，波斯帝国出现多种官方语言并存的现象。伊朗地区的官方语言为埃兰语；巴比伦地区为阿卡德语；埃及为古埃及语，使用象形文字和世俗体文字。在民间及商业领域广泛使用的阿拉米语成为帝国的通用语言。大流士时期下令用字母化的楔形文字书写古波斯君主使用的古波斯语，古波斯文由此形成。纪念性铭文通常使用3种语言书写：埃兰语、阿卡德语和古波斯语。大流士下令刻写在贝希斯敦岩壁上的铭文就是如此，它也因此成为19世纪西方学者破译阿卡德语的钥匙。

波斯帝国所有臣民被划分为 四个集团：祭司、贵族和武士集团；书记/官僚和商人集团；手工艺人集团；农民集团。各集团间等级森严，所拥有的权利义务也各不相同。贵族集团拥有众多特权，担任中央及地方各级政府官员，拥有免税特权。贵族通过效忠王室、与王室成员联姻等手段维系与王室的关系。贵族集团也具有多民族特色，各民族的传统贵族家庭仍然是波斯帝国贵族集团的主体。大流士二世在其统治时期，削弱了传统贵族特权，扶植新贵，稳定统治。在贵族周围是书记集团和商人集团，他们辅助贵族集团管理各级政府，维护政令畅通、商业贸易活动顺畅。手工艺人和农民是波斯帝国人口的主体，他们通过耕种兵役田、参加公共工程建设、服兵役等方式维持生计。兵役田分为三种：马匹田、弓箭田和战车田，这些是阿契美尼德军队主要的兵种。波斯帝国建立严格的户籍制度，登记、记录每个人的兵役和劳役义务执行情况。

另外，波斯帝国国王还通过统一意识形态，确立、巩固波斯帝国的统治。与亚述人一样，波斯人的王权观念也建立在神祇崇拜的基础上，宣扬至高神阿胡拉马兹达任命波斯君主统治人间的所有民族和所有土地，并授权他在人间建立完美的统治秩序。与此同时，波斯帝国的宗教信仰开始向一神教转变，据传说，公元前1000年后，一个名叫琐罗亚斯德（又名扎拉图斯特拉）的祭司开始在伊朗东部传播他的宗教信条。之后，琐罗亚斯德教思想传播至伊朗高原

西部地区，最终由大流士确定为波斯帝国的国教。公元前6世纪，琐罗亚斯德教祭司通过记录口传资料，编辑完成《阿维斯陀》（也称“波斯古经”），汇集琐罗亚斯德的主要思想。

琐罗亚斯德教劝导已经摆脱和正在摆脱游牧民族身份的伊朗人抛弃万物有灵的原始宗教信仰，接受唯一神阿胡拉马兹达。它认为阿胡拉马兹达是世界的缔造者，是善的化身；他的对手亚希兰则代表人类伪善、懦弱的一面。这两股势力在宇宙间展开激烈战争，最终阿胡拉马兹达获胜，亚希兰被打入黑暗（即地狱），统领阴间世界，这就是琐罗亚斯德教的主要特征之一——宇宙二元论。

琐罗亚斯德教成为世界上最早的具有一神崇拜观念的宗教，也是最早的帝国国教，对于以后的犹太教、基督教以及众多地方宗教都产生深远影响。

第十七章　海上霸主腓尼基

这个时期，在叙利亚地区，另外一个民族兴起，并同样在商业贸易领域发挥了巨大作用，这就是腓尼基人。腓尼基一词的词源不明，有一种说法认为它是希腊人对迦南的称呼；另一种看法认为它源于腓尼基人惯用的一种紫色染料的名称。腓尼基人生活在迦南地区，因此腓尼基人也自称迦南人。对于腓尼基人，后人对他们的了解一般来自他们的航海、探险活动，以及他们在地中海周边地区建立的大批殖民地。这批殖民地后来成为各自地区的政治、经济、文化和宗教中心。在希腊罗马文献中，腓尼基人也多次出现，在《荷马史诗》中，他们被看作是高级工匠，他们制作的金属制品、纺织品精美绝伦，他们还是强盗、流浪者和商人，是四处游荡的民族。古希腊作家希罗多德撰写的《历史》中记录了腓尼基人在希腊地区的殖民活动。古希腊历史学家修昔底德指出，腓尼基人在西西里岛的殖民活动甚至早于希腊人。腓尼基人在北非创建的迦太基殖民地后来日益强大，在公元前2世纪前后对罗马构成了严重威胁。罗马统治者先后发动三次战争铲除迦太基人即腓尼基人的威胁。东方的一些学者也记录了腓尼基人在东地中海地区的活动，1世纪的犹太史学家约瑟福斯曾经记录过推罗的一些腓尼基统治者的名字，并描述他们的活动。犹太人对腓尼基人的看法也没有摆脱对他们的探险家与商人的定位，在《以西结书》中，犹太人对腓尼基人有详细的描述。

有关腓尼基人的历史、文化，后人的了解大多来自他们在地中海沿岸建立的殖民地。对于他们在东地中海地区的历史我们所知不多。在亚述历史中，腓尼基人是一个新兴的民族。公元前1100年左右，亚述王提格拉特帕拉沙尔一世战胜腓尼基人之后，出访腓尼基城市，腓尼基人箪食壶浆以迎之，他们献给他华服、贵器、象牙、稀有木材等，并以海上旅行款待他。公元前10世纪，中亚述王国的统治衰亡后，腓尼基人转而经营与正在兴起的以色列王国的关系。从以色列大卫王到所罗门王时代，以色列国控制着从红海到叙利亚，进而到安纳托利亚和两河流域地区的贸易路线。推罗的腓尼基人就归附以色列王，并以他们的运输技术、工艺技术、财富和原材料作为资本参与贸易，在所罗门王所兴建的建筑工程中，处处可以看到腓尼基人的影子。推罗也在这个过程中获得发展的良机，成为当时东地中海地区的贸易中心。公元前9世纪至前8世纪，以色列国分裂为以色列国和犹大国，推罗继续与北部的以色列国保持贸易的互惠关系。亚述帝国兴起后，大量引进腓尼基人的技术和工匠，在亚述首都尼姆路德的王宫里，具有腓尼基人特色的象牙雕刻、家具、金属制品随处可见。同时，在亚述与埃及的贸易中，腓尼基人获得了担任中间商的权利。公元前8世纪末，亚述帝国版图向叙利亚地区扩张，腓尼基人成为帝国主要的原材料供应商，腓尼基人也在这时开始将贸易和探险的触角伸向西地中海地区。腓尼基人这一称呼并非特指一个有共同血缘关系的民族，他们没有统一的语言。虽然腓尼基人创造了字母文字，腓尼基语也在多数腓尼基人生活的地区使用，但其中仍有一些其他民族的人存在。在一些腓尼基文献中，有一些腓尼基人的人名显然是安纳托利亚人或阿拉米人的名字；在腓尼基人创建的海外殖民地中，也有一些人将阿拉米语作为通用语言。腓尼基人应是泛指生活在叙利亚巴勒斯坦地区，以探险和经商以及手工业生产为职业的人；而在希腊人眼中，腓尼基人就是“东方商人”的代名词。

腓尼基文字是世界上最早的字母文字之一，相对于繁杂的楔形文字体系，字母文字更加简便，更加符合商业活动的需要。

战争、灌溉、废墟、王宫、城市、国家，幼发拉底河和底格里斯河奔腾不息，见证了它们身边的人们几千年的生活，也让我们充分领略了古代两河流域历史复杂多样、诡异多变的特性。和平和稳定的生活是两河流域人世世代代期盼的梦想，但是中东地区特殊的地理环境和自然环境，以及政治王朝的更迭、复杂多样的宗教、特色鲜明的民族、外部势力的干预等因素注定了两河流域人无法达成这个心愿，直到今天，平静的生活似乎仍然可望而不可即。盼望着，盼望着！

后　记

习近平主席指出："不同文明没有优劣之分，只有特色之别。要促进不同文明不同发展模式交流对话，在竞争比较中取长补短，在交流互鉴中共同发展，让文明交流互鉴成为增进各国人民友谊的桥梁、推动人类社会进步的动力、维护世界和平的纽带。"我们编写这套丛书的目的是为中国广大读者朋友了解世界其他国家和地区文明服务，为加深不同文明之间的交流和互鉴服务，为实现中华民族伟大复兴的中国梦、推动构建人类命运共同体服务。

倪培耕同志对丛书写作的总体思路、基本原则和内容构架等提出许多富有创见的新观点，负责撰写各分册的作者开展了高效和富有创造性的辛勤工作，曹启璋同志对本套丛书的出版给予了大力支持，刘雨同志对本套丛书进行了精心设计，在此致以最衷心的感谢。

由于时间、人力、物力及水平等多方面的限制，丛书在编辑的过程中，可能还会存在这样那样的问题，恳请读者朋友们谅解，并提出宝贵意见。

文明因交流而多彩，文明因互鉴而丰富，愿这套丛书对文明交流互鉴有所助益。

再次感谢所有关注、支持、帮助本套丛书出版工作的朋友和同志们！

编　者